Evelyne Claessens

Apprendre être autiste-Asperger à 49 ans

Evelyne Claessens

Apprendre être autiste-Asperger à 49 ans

Un choc ou un soulagement?

Éditions Vie

Imprint
Any brand names and product names mentioned in this book are subject to trademark, brand or patent protection and are trademarks or registered trademarks of their respective holders. The use of brand names, product names, common names, trade names, product descriptions etc. even without a particular marking in this work is in no way to be construed to mean that such names may be regarded as unrestricted in respect of trademark and brand protection legislation and could thus be used by anyone.

Cover image: www.ingimage.com

Publisher:
Éditions Vie
is a trademark of
International Book Market Service Ltd., member of OmniScriptum Publishing Group
17 Meldrum Street, Beau Bassin 71504, Mauritius

Printed at: see last page
ISBN: 978-620-2-49530-1

« Il n’y a point de génie sans un brin de folie. »

(Aristote)

L’auteure de ce livre a insisté pour réviser et corriger elle-même son texte plusieurs fois afin de surmonter ses problèmes de dyslexie et ses autres troubles neurologiques de distorsions visuelles pour vous montrer qu’en travaillant plus fort, en utilisant les bons outils et les bonnes stratégies que l’on peut parvenir à atteindre ses objectifs.

REMERCIEMENTS

Je désire laisser savoir à mon mari et à mes enfants à quel point j'apprécie leur compréhension, leur soutien et surtout leur patience à mon égard. Ça fait du bien de savoir qu'on m'accepte et qu'on m'aime telle que je suis malgré mes défauts et grâce à mes qualités.

DÉDIDACE

J'ai écrit ce livre afin de montrer à tous et à toutes qu'il est possible de très bien réussir dans la vie malgré un handicap qu'il soit visible ou invisible. Je suis certaine que plusieurs personnes se reconnaîtront à travers mon récit et qu'elles pourront, elles aussi, mettre « enfin » des réponses à leurs questions, car je suis certaine que si, moi, je suis autiste-Asperger, il y en a beaucoup qui le sont aussi et qui l'ignorent.

TABLE DES MATIÈRES

INTRODUCTION

J'ai passé presque les cinquante premières années de ma vie avec un handicap neurologique qu'on considère comme étant invisible, car il est difficile à déceler; ce qui ne m'a pas empêchée de bien réussir à plusieurs niveaux, parfois avec difficultés, mais quand même. J'ai toujours pensé que j'étais « normale ». Cependant j'ai toujours senti qu'il y avait quelque chose qui clochait chez moi sans être capable de mettre le doigt dessus. Je me suis toujours sentie être différente des autres.

Je crois fermement que ce sont les forces reliées à ce syndrome qui m'ont permis de réaliser autant de choses, mais si j'avais su à une certaine époque que je portais cette étiquette, cela m'aurait sans doute mis des bâtons dans les roues.

Recevoir un diagnostic de ce genre à tel âge ne vient pas sans laisser d'empruntes négatives et/ou positives sur sa façon de se percevoir. Je peux certes me féliciter d'avoir surmonté autant d'obstacles seule et avec succès en étant ainsi limitée, mais je doute encore plus maintenant de mes capacités actuelles et je vis constamment des remises en question. Cela sème beaucoup de doutes concernant mes présents et futurs accomplissements. Il n'y a rien de complètement bon ni de complètement mauvais à faire une telle découverte.

Avec la thérapie que je suis présentement, on m'a fait réaliser que je suis un peu comme un brocoli : c'est-à-dire que même si on me trouve bizarre (échevelée avec un teint vert un peu comme une extraterrestre), cela ne m'enlève pas mes valeurs (nutritives). En d'autres termes, je suis un peu aussi comme du chiendent : bien enracinée et tenace, même quand on essaye de se débarrasser de moi et qu'on me jette au loin, on n'en vient pas à bout et je reviens au grand galop en me faufilant parmi les autres plantes où je finis toujours par trouver ma place. Je peux aussi me comparer à un pissenlit que les gens traitent comme étant de la mauvaise herbe alors qu'il contient plein de vertus thérapeutiques connues depuis des millénaires.

UN CADEAU POUR MES 50 ANS

À l'été 2016, j'apprends, quelques semaines avant mon cinquantième anniversaire, que je suis « autiste-Asperger », avec une dyslexie très légère. Incroyable! Oui. Mais réconfortant à quelque part. Pourquoi? Parce que ce fut toute une révélation qui m'a apporté un soulagement, une libération et une paix intérieure. Sur le coup, ce ne fut pas un choc comme plusieurs pourraient le croire, car je m'y en attendais un peu déjà; je m'en doutais. J'avais juste besoin d'avoir une preuve à l'appui pour le confirmer. Au début, j'en étais très heureuse et j'étais contente de le savoir. Quand j'y repense encore, j'ai de la difficulté à y croire, mais si je mets tous les morceaux du casse-tête ensemble, cela fait bien du bon sens.

Il fallait que quelque chose m'arrive afin que je puisse donner, enfin, un sens à toute ma vie. Grâce à ce diagnostic, je sais maintenant qui je suis, je me connais mieux que quiconque et surtout je comprends pourquoi je pense et j'agis de la sorte. J'ai appris qu'il y a toujours du positif dans le négatif. C'est un peu un mal pour un bien, car maintenant je sais ce sur quoi je dois travailler et ce avec quoi je dois faire attention. Je connais mes forces et mes faiblesses. Rien n'arrive pour rien et il y a toujours une raison à quelque part.

Juste pour vous donner un petit aperçu de qui je suis, je vous fais part de mes réussites, dans ce qui suit : Je suis propriétaire d'un grand terrain et d'une maison que j'ai acquis alors que j'étais encore célibataire. Je suis mariée depuis 14 ans et j'ai deux enfants formidables, beaux, intelligents et talentueux: un garçon et une fille qui sont au début de l'adolescence. Ils réussissent très bien à l'école avec toujours des notes au dessus de la moyenne de la classe. Ils font des activités parascolaires artistiques et sportives où ils remportent souvent des prix. J'ai 19 ans de scolarité; ce qui équivaut à une maîtrise sur la planche salariale. Je suis enseignante depuis 1995, légalement qualifiée. J'ai deux DEC (diplôme d'études collégiales) : un en science de la parole (Conservatoire Lassalle) et un deuxième en art dramatique (Collège Lionel-Groulx); ainsi que deux baccalauréats dont un par cumule des trois certificats suivants : scénarisation cinématographique (UQAM), mineur en études théâtrales (Université de Montréal) et création littéraire (UQAM) avec, en plus, un certificat en arts plastiques (UQAM). Mon deuxième BAC a été en enseignement de l'art dramatique au primaire et au secondaire qui m'a conduit d'abord à un permis d'enseigner, puis à un brevet après deux années de probation très bien réussies avec une évaluation presque parfaite.

Ce qui est le plus étonnant, c'est que j'avais fait mes deux premières années d'université en même temps que mes deux dernières années de mon premier DEC : les deux endroits à « temps plein »; un le jour et l'autre en cours du soir. J'avais donc des sessions de 9 cours, alors que la moyenne des étudiants n'en avaient que 4 ou 5 et ils en arrachaient. Je me demande encore aujourd'hui comment est-ce que j'ai pu faire ça tout en gardant partout des résultats en haut de 70 %. Je ne connais pas beaucoup de personnes qui auraient été capables d'accomplir un tel exploit même parmi celles que l'on considère comme étant neurotypiques : c'est-à-dire « normales ». C'est peut-être à cause de mon Quotient Intellectuel qui est nettement au dessus de la moyenne et je dis cela quand même en toute humilité. Au secondaire, j'avais consulté un psychologue pour des problèmes familiaux et avec des tests, il avait évalué mon QI à ... (je ne veux pas vous étonner avec mon score) et il m'avait déclaré que j'avais les capacités intellectuelles pour me rendre jusqu'à l'université. Il paraît que les personnes Asperger sont des personnes très intelligentes et persévérantes. En tout cas, je le suis; ça c'est sûr et certain. Ce QI supérieur a été confirmé dernièrement par mon évaluation chez un neuropsychologue.

J'avais suivi des cours en animation radiophonique, mais je ne suis jamais allée plus loin que mes stages et du bénévolat dans un poste de radio communautaire. J'ai pris aussi une formation pour devenir mannequin, domaine dans lequel j'ai œuvré peu de temps, mais encore là en réussissant beaucoup mieux que d'autres. Et voici la liste des métiers que j'ai exercés dans ma vie avant mes fonctions professionnelles actuelles : gardienne d'enfants, couturière dans une manufacture, paysagiste, caissière, vendeuse, commis au comptoir, serveuse, aide-cuisinière et plongeuse, réceptionniste, animatrice d'activités parascolaires. Je n'ai jamais eu de difficulté à me trouver une jobine, j'avais même tendance à impressionner les employeurs avec mon c.v. et ma personnalité lors des entrevues.

De plus, je suis membre de l'Union des Artistes depuis plus de 25 ans même si ça m'avait pris 14 ans pour ramasser tous mes crédits avec acharnement. J'ai eu des deuxièmes rôles, des rôles muets et surtout de la figuration dans environ plus ou moins 200 tournages que ce soit pour le cinéma ou des téléséries autant du côté québécois qu'américain. J'aime jouer à des personnages et j'adore me retrouver devant des caméras; ainsi que l'ambiance qui règne sur les plateaux de tournage. Sauf que j'aurai de la misère à accomplir une consigne complexe : je ne peux pas retenir plusieurs choses en même temps. Pour avoir été capable de me fondre dans la masse, l'imitation est mon point fort, et avoir pris des cours en théâtre aurait contribué à mon insertion sociale.

J'ai écrit et publié 4 livres jusqu'à présent dont celui-ci est le cinquième. Vous trouverez la liste en annexe à la fin de ce livre. J'ai une très bonne mémoire pour les faits et les détails. J'excelle dans la recherche, les analyses et la classification. C'est un peu difficile à reconnaître ma dyslexie très légère, mais je m'en aperçois bien à chaque relecture que je fais.

Il est « certain » que si j'avais su que j'étais autiste - Asperger et dyslexique, à tous ces moments-là de mon existence, que je me serais crue incapable d'accomplir autant de choses, malgré mes talents et capacités particuliers. Je ne serais jamais allée au collège ni à l'université; j'en suis convaincue. Cela n'aurait fait que nourrir mon complexe d'infériorité et marquer ma différence.

Donc, avant de faire passer une évaluation à votre enfant pour se voir attribuer une étiquette, pensez-y deux fois, je ne crois pas que cela aidera l'estime de soi, mais servira plutôt à faire en sorte qu'il se sente encore plus différent et il pourrait douter de lui; à moins que ses difficultés soient telles qu'il aurait besoin d'aide spécifique afin de bien réussir sa scolarité. Coller une étiquette à quelqu'un peut lui nuire; ou bien, cela pourrait faire en sorte aussi qu'il se force à se dépasser et à faire plus que les autres pour prouver qu'il en est capable. Cela doit dépendre des individus, de leur caractère et de leur environnement; alors, il faut faire preuve d'un bon jugement.

Lorsque j'ai reçu ce diagnostic, moi et mon mari étions en instance de séparation légale, mais cette nouvelle fut accueillie les bras grands ouverts, et cela nous a conduit, en quelques sortes, vers une réconciliation. Mon conjoint m'a dit qu'il aurait été un bien meilleur époux et qu'il aurait agi très différemment s'il l'avait su. Cette évaluation a aussi permis à mes supérieurs immédiats et à mes collègues de travail de mieux comprendre mes limites et difficultés, mais surtout d'apprécier mes points forts. J'ai reçu enfin ma permanence après 11 années d'enseignement aux adultes même si j'aurai encore deux années de probation à faire avant qu'elle devienne officielle, supposément.

Le morceau de casse-tête manquant a enfin été trouvé, mais tout ne se met pas en place aussi facilement même si mon identité et mon image se définissent enfin. C'est le bon morceau de puzzle que j'ai enfin trouvé, mais j'ai de la misère à lui faire prendre sa place. Il entre à l'endroit qui lui était destiné, sauf que je dois peser fort dessus. J'essaye de me dire que je suis comme je suis et que c'est parfait ainsi, mais j'ai toujours détesté la résiliation, car pour moi, il y a toujours place à l'amélioration. Il n'y a sans doute rien de mal à être différent! Ce qui me fait accepter avec dignité et fierté le fait d'être une Aspergirl (Aspie), c'est parce que j'ai réussi beaucoup mieux, dans la vie, que bien des personnes dites « normales ». Je me demande si le fait d'avoir ce syndrome serait un don plus qu'un trouble.

LES RAISONS QUI M'ONT POUSSÉE À ME FAIRE ÉVALUER

Plusieurs incidents ont dû se produire avant qu'une lumière jaune s'allume dans ma tête et me fasse prendre un recul.

Mes problèmes ont commencé quelques années après mon début en enseignement aux adultes. Il faut dire que je travaille souvent avec une clientèle problématique au niveau des difficultés d'apprentissage et des troubles de comportement. Certains ont une déficience intellectuelle légère, un déficit d'attention avec ou sans hyperactivité, des troubles obsessifs compulsifs, des troubles de personnalité limite (borderline). On retrouve également des schizophrènes et des narcissiques; d'autres sont sous les effets de narcotiques. Il y en a aussi qui sont autistes ou Asperger sans le savoir. Leur âge varie entre 16 et 60 ans mais la plupart du temps, ce sont des jeunes décrocheurs (raccrocheurs) entre 17 et 30 ans qui décident de venir terminer leurs études secondaires. J'enseigne le français niveau secondaire 1 à 5, ainsi que l'histoire du Canada et certains cours optionnels en formation personnelle et sociale. Dans la même classe, j'ai des élèves qui sont à tous les niveaux et personne n'est rendu au même endroit dans leur parcours, car chacun avance à son propre rythme, bien qu'il y en a qui font du sur place, mais cela est une autre histoire. L'enseignement se fait en mode personnalisé. Il n'y a pas de cours magistraux. Les élèves, qui devraient être tous autonomes, font leurs apprentissages à partir d'un cahier avec lequel ils corrigent eux-mêmes leurs exercices et ils viennent voir l'enseignant(e) lorsqu'ils ont une question ou pour se faire corriger un texte. Lorsqu'un cahier est terminé, un pré-test est remis à l'élève afin de valider s'il est prêt pour aller passer son examen. S'il le ou les réussit, les crédits sont émis pour ce sigle et il passe au suivant. Le plus difficile du travail est d'établir une discipline. La clientèle provient souvent d'un milieu défavorisé où règne la violence sous toutes ses formes et la toxicomanie. Dans certains cas, il faut monter un dossier en faisant ce qu'on appelle un suivi de l'élève: c'est-à-dire entrer des données d'observation afin qu'il puisse recevoir l'aide nécessaire à sa réussite ou dans le cas où il refuserait de collaborer, les notes à son dossier permettent de justifier sa suspension temporaire ou définitive : décision prise par la direction après un « long » processus. Donc, cela peut prendre beaucoup de temps avant qu'un élève perturbant soit redirigé où mis à la porte. La tolérance, la compréhension et la patience sont les qualités requises pour œuvrer dans ce domaine. Il faut être à la fois tuteur, philosophe, psychologue, travailleur social...Le plus difficile est de ne rien prendre personnel, ce qui est très dur pour moi, car je suis très sensible et j'absorbe tout comme une éponge. Je suis susceptible et vulnérable. Je voudrais que tout soit parfait, que tous réussissent. Je suis très exigeante envers moi et je me mets beaucoup de pression. Ensuite, il y a les examens à corriger et à entrer les résultats dans un système informatique. Lors des journées pédagogiques, il faut assister aux réunions, de même qu'aux ateliers de formation continue.

Avant d'accepter ce poste, j'avais fait 6 mois au secondaire en art dramatique et en danse ainsi qu'en FPS (formation personnelle et sociale) où je suis sortie de là complètement brûlée et presqu'en dépression. Je ne comprends pas le comportement des adolescents et j'avais trouvé cela très difficile, car ils peuvent être parfois tellement méchants sans s'en rendre nécessairement compte. Je veux bien croire que les hormones agissent sur leurs humeurs, mais ce fut quand même une période pénible. Ils semblent n'avoir aucune notion de ce qu'est le respect réciproque; c'est sans doute un mal de société. Je venais tout juste de sortir de l'université et mis à part mes stages, je n'avais pas beaucoup d'expérience. Je me suis donc tournée vers le primaire. J'avais commencé à faire de la suppléance occasionnelle à tous les niveaux et dans toutes les matières pour plusieurs commissions scolaires en même temps. Une seule fois, j'ai fait du remplacement au secondaire, mais je vous jure que je n'y suis plus jamais retournée. Ensuite, pendant plusieurs années, j'ai eu des postes contractuels à temps partiel pouvant aller jusqu'à 80 % de tâche en enseignement de l'art dramatique, des arts plastiques, les sciences, la religion et la morale au primaire. Je passais beaucoup de temps à préparer les cours à la maison le soir et je détestais les rencontres avec les parents, car je supporte mal la critique. Comme dans tous les métiers, il y a des gens avec qui on s'entend bien et d'autres avec qui on s'entend moins bien, mais ça me demandait beaucoup pour socialiser avec mes collègues. J'avais souvent l'impression de jouer la comédie et de ne pas être moi-même. Au primaire, j'ai connu des élèves de toutes les sortes avec des difficultés différentes; j'ai vu en eux toute la misère de l'humanité et je me suis sentie impuissante. J'ai donc abandonné l'enseignement pour aller suivre un cours de coiffure dans une école privée. J'ai ensuite œuvré dans ce domaine pendant quelques mois dans un centre d'achat avant de recevoir un téléphone me donnant une autre chance en enseignement dans un milieu où les choses se font différemment. J'ai donc accepté d'explorer cette option qui s'offrait à moi, et j'ai eu la piqûre comme on dit: pas de cours à préparer, pas de rencontres avec les parents. Je trouve les post-adolescents et les jeunes adultes un peu arrogants, prétentieux et contestataires, mais très attachants et charmants.

Au début, cela n'a pas été facile, pour moi de m'ajuster. Avec les expériences que j'avais eues au secondaire, ayant peur de ne pas me faire respecter, j'étais très sévère avec presqu'une attitude militaire. Les élèves ne m'aimaient pas et j'ai eu de la misère à établir des liens de confiance avec eux.

Ensuite, c'est-à-dire l'année scolaire suivante, j'ai décidé de m'adoucir un peu. Je leur parlais comme s'ils étaient mes amis; ils se sentaient proches de moi et ainsi respectés. Je les comprenais, car on dirait qu'à l'intérieur de moi, je suis restée jeune comme si je n'avais pas vieilli : un autre trait Asperger. On dirait que je suis dans les extrêmes : avec moi c'est tout ou rien, il n'y a pas ou peu de zones grises. Être trop amicale avec eux m'a causé des ennuis au niveau de l'objectivité nécessaire dans les évaluations lors de la correction d'examens. Un problème affectif de mon côté y a sans doute jouer un rôle, le désir de plaire. Je me suis laissée manipuler par mon désir intense d'être aimée. Je voulais tellement que mes élèves réussissent que je corrigeais les examens en y mettant un peu trop de subjectivité : j'essayais avec toute ma bonne volonté de comprendre et de voir ce que l'élève a voulu dire par là lorsque sa réponse n'était pas claire. Étant ainsi moins sévère que ma collègue en français avec qui je partageais la tâche d'enseignement pour un même groupe; cela avait fait en sorte que les élèves me préféraient et ils voulaient être tous avec moi afin d'avoir de meilleures notes; ils ont fait des demandes de changement d'horaire. Consciemment, je n'ai jamais voulu faire du mal à mes collègues, mais ils ont fait des plaintes à mon sujet qui, dans un premier temps, sont tombées dans le beurre; et cela m'avait fait sourire.

J'avais un collègue en mathématiques qui donnait des 90 % et plus à presque tous ses élèves et cela ne plaisait pas non plus aux autres enseignants qui parlaient constamment derrière son dos. Soit qu'il était un excellent professeur; ou bien, il se passait quelque chose de croche. Chose certaine, il n'a pas eu de problèmes avec des demandes de révisions de note, lui. Les élèves étaient très satisfaits.

On aurait dit que c'était du chacun pour soi, même au niveau du code de vie, car personne d'autre que moi ne faisait respecter les règles en classe lorsque la direction, qui ne venait que deux demi-journées par semaine, était absente. Mes autres collègues donnaient le droit aux élèves de manger et de boire n'importe quoi en classe, et d'avoir des écouteurs sur leurs oreilles pour de la musique, en plus de pouvoir se servir de leur cellulaire. Cela faisait en sorte qu'il y avait moins de discipline à faire, puisque celui qui écoute de la musique ne parle pas et ne dérange pas, mais ça ne veut pas dire qu'il travaille. C'était une manière pour eux d'acheter ainsi la paix. Sauf qu'il y avait pour mes collègues un autre problème; celui de demander à certains de baisser le volume de leur écouteurs, car tout le monde montait leur son pour ne pas entendre celui des autres. Il était difficile aussi de savoir si l'élève « textait » ou s'il choisissait ses chansons avec son cellulaire. Pour une personne comme moi, le respect des règlements est très important; ce l'est pour les Asperger, car ils nous servent de cadre, des limites qui nous donnent une certaine sécurité. J'avais une certaine rigidité à ce niveau-là, j'étais donc plus sévère que mes autres collègues au niveau du respect du code de vie en classe; et chose étonnante : cela avait fait l'affaire de plusieurs élèves comme s'ils avaient besoin eux aussi de cet encadrement. Y avait-il des Asperger parmi eux qui s'ignorent? De plus, je ne suis pas une suiveuse et cela est l'une de mes grandes qualités. Mes collègues se demandaient comment est-ce que je faisais, car malgré ma sévérité au niveau des règlements en classe, les élèves m'appréciaient quand même. Contrairement à eux, moi, j'ai toujours eu du respect pour l'autorité et je n'adhère pas au slogan : « Quand le chat est parti, les souris dansent! » Je ne suis pas mesquine ni hypocrite; cela n'existe pas chez les Asperger, en tout cas...chez moi; bien que je l'ignorais dans le temps. Nous sommes des personnes loyales, intègres et dignes de confiance. Mes collègues parlaient souvent d'un travail d'équipe lors des réunions. Quelle belle hypocrisie! De quel travail d'équipe s'agissait-il? Je ne me suis jamais sentie comme faisant partie des leurs.

Entre temps, ce que j'avais appris m'avait grandement bouleversée: le concierge d'un centre extérieur m'avait révélé, sans preuves à l'appui bien sûr, que certains professeurs, pas tous, étaient sévères dans leurs évaluations pour maintenir la clientèle au centre le plus longtemps possible afin de garder leur job et les groupes ouverts, que des directions ne voulaient pas mettre les élèves perturbants dehors même s'ils dérangeaient beaucoup les autres afin de maintenir un nombre adéquat pour ne pas que les centres ferment. Leur salaire dépendrait aussi du nombre d'élèves inscrits et pas nécessairement présents en classe, et la commission scolaire recevrait un certain montant d'argent pour chacun d'eux. Il paraîtrait même que la commission scolaire garderait inscrits des élèves qui ont quitté en début d'année pour recevoir les subventions du gouvernement; ce qui est une fraude selon moi si cela est exact. Tout ce qui ne marche pas droit me déplaît énormément. J'aurai peut-être dû devenir policière.

En tout cas, il n'était pas question que je fasse comme mes collègues : prendre les élèves en otages! Pour moi, il s'agissait d'une grande injustice. Je ne vois pas les choses de la même manière que les autres et pourtant, je trouve que j'ai raison et que je fais du sens. J'avais compris à ce moment- là que tout le monde faisait ce qui lui plaisait en fonction de ses valeurs et convictions profondes qu'elles soient bonnes ou mauvaises. Pour moi, montrer aux élèves que les règles peuvent être dissoutes quand bon nous semble n'est pas une manière de les préparer à la vie sur le marché du travail; et pourtant cela est l'une de nos fonctions. Pour moi, il n'y a pas un poids et deux mesures. Je fais tous mes stops correctement et je n'en saute pas un parce que ça me « tente » au détriment des conséquences. Je n'ai jamais compris le comportement de certains collègues. Je me suis toujours sentie différente et à part des autres. Je ne sais pas pourquoi les gens « normaux ou neurotypiques » émettent des règlements en sachant fort bien qu'ils ne seront pas respectés. Je trouve cela ridicule. Ils dépensent beaucoup d'énergie à faire le contraire. J'ai de la difficulté à comprendre le monde dans lequel je vis, mais je m'y plis et j'essaye de m'adapter et d'y survivre.

Mes collègues en français ont commencé à me reprocher de ne pas corriger comme eux et j'ai été victime d'harcèlement et d'intimidation au travail au point que j'ai dû aller chercher assistance auprès du service d'aide aux employés. Oui, à ce point! On me fonçait dessus et on me bousculait dans le corridor, on me dévisageait du regard en plus de me claquer les portes en pleine face ou dans mon dos. On ne m'adressait plus la parole. Les élèves me révélaient que les autres professeurs parlaient derrière mon dos. Je me souviens avoir levé le ton, pleuré et avoir claqué la porte, moi aussi, du bureau de la direction sans tenir compte de la présence d'élèves dans le corridor comme si je n'avais pas de filtre. Dans ma tête, il n'était pas question que je me laisse corrompre par mes collègues. Ils font ce qu'ils veulent en exprimant leurs droits au niveau de la gestion de la classe; alors je ferais, moi aussi, ce que bon me semble; c'est ça être juste. En tout cas, c'est ma vision à moi; celle d'une Aspie et qui ne voit pas le danger lorsqu'il est imminent. J'ai décidé de continuer de faire confiance à mon jugement sans même savoir que j'avais des lacunes neurologiques à ce niveau. Je leur ai tenu tête. Je respecte mes valeurs et convictions, tout simplement et j'ai une forme de rigidité par rapport à ce que j'ai décidé. Dans ma nature, il m'est difficile de faire du mal aux autres volontairement et j'ai tendance à ne pas me défendre lorsque je me fais attaquer; je garde toute la colère et la frustration à l'intérieur de moi, car je n'arrive pas à l'exprimer d'une manière qui serait « correcte ». Exprimer ce que je ressens verbalement est très pénible étant donné que mes idées se bousculent dans ma tête et qu'elles risquent de sortir toutes croches; car elles veulent toutes sortir en même temps comme les gens d'un immeuble en flammes; alors je préfère me taire et endurer que de me faire critiquer même si cela me dévore à l'intérieur. Je suis drôlement faite; on dirait que j'ai été fabriquée à l'envers. En tout cas, j'ai développé l'endurance, sauf que j'aimerai parfois me sentir plus forte et à la hauteur.

Quelque chose m'avait rassurée : il y avait des rumeurs étranges qui circulaient au sujet de certains ateliers donnés lors des journées pédagogiques où j'ai su, à travers les branches, qu'on pouvait donner le même examen à plusieurs personnes et qu'il n'y en aurait aucune qui arriverait au même résultat avec parfois des écarts pouvant aller jusqu'à 30 %; car en français, il y a plus de subjectivité que d'objectivité dans la correction comparée aux autres matières. Alors je me demandais où pouvait bien être le problème dans ce cas- là. (Beaucoup plus tard, j'ai moi-même été témoin de ce phénomène dans un même genre d'atelier, lors d'une journée pédagogique, dans lequel j'avais participé.) C'est à eux de faire des examens plus objectifs; c'est tout! Les exigences d'une commission scolaire ou d'un pavillon ou d'un enseignant à l'autre ne sont pas les mêmes non plus. Une autre injustice avec laquelle je n'étais pas d'accord, car selon l'endroit et le spécialiste attitré, l'élève peut réussir ou avoir un échec. Il y a des lacunes dans le système scolaire et toutes ces diversions m'ont rendue un peu confuse, alors que j'ai besoin de stabilité; je n'aime pas me sentir en déséquilibre. Je dois savoir clairement ce qu'on s'attend de moi en autant que les mêmes conditions soient demandées aux autres. Je désire évoluer dans un monde « juste ». Sauf que sur Terre, cela n'est pas possible.

Et il y avait des personnes mal intentionnées qui ont, quand même, trouvé un moyen d'essayer de me faire du mal en faisant des plaintes contre moi et en demandant des révisons d'évaluation d'examens de mon côté. Quand un requin mord, il ne lâche pas prise facilement! Alors moi et ces collègues en question avons été, tous les trois, convoqués par la responsable des sanctions à la commission scolaire pour finalement réaliser qu'un enseignant pouvait donner 0/5 à une réponse, l'autre 3/5 et l'autre 5/5. Avant cette rencontre, j'étais très anxieuse (c'est dans ma nature de l'être) et, à la fin, très confuse « encore ». Je ne comprends pas les gens autour de moi. Je n'ai pas compris le but de cette réunion. Pour moi, c'était du « n'importe quoi ». J'en ai tiré comme conclusion que personne ne perçoit et n'interprète les choses de la même façon, et que c'était tout. Je croyais qu'enfin j'allais avoir la paix et que cela les avait remis à leur place, eux. Je n'avais pas senti la soupe chaude. J'ai fait plus attention, par la suite quand même, mais ça n'a pas été long avant que je retombe dans mes vieilles habitudes. J'ai tendance à glisser dans mes chemins déjà tracés. Les changements sont durs à effectuer pour les gens comme moi.

Il y a deux ans, c'est là que les problèmes ont vraiment commencé. J'ai dû accepter un contrat dans un pavillon extérieur, là où la clientèle est plus problématique et là où il y a moins de support aux enseignants et aux élèves. Il y avait beaucoup de drogue qui circulait dans ce centre et même si on savait qui était le fournisseur, on n'arrivait jamais à le prendre sur le fait, car nous avions besoin de preuves pour le mettre à la porte. Alors en toute bonne âme et conscience, j'ai voulu jouer un tour à ce jeune homme, lui faire peur en quelque sorte et lui donner une bonne leçon de vie. Je connaissais une fleur sauvage dont le feuillage ressemble beaucoup à celui du cannabis et qui pousse à quelque part près d'un terrain boisé; alors j'en ai caché une feuille dans un de ses livres. Ce n'était pas pour qu'il se fasse attraper, je voulais juste voir l'expression sur son visage et sa réaction, qu'il sache qu'on est tous au courant. Sauf que le livre dans lequel je l'avais mise appartenait à un autre élève à qui il avait remis ce qu'il lui avait prêté. Quand cet autre élève l'a vue, il s'est mis à paniquer et il est devenu tout pâle sur le point de perdre connaissance. Alors je l'ai retirée moi-même en avouant que j'étais la fautive de cette blague idiote. J'ai même précisé que ça n'en était pas une vraie. L'élève ne l'avait sans doute pas accepté et il a fait une plainte à la commission scolaire; je le sais, car plus tard, j'en ai eu des échos.

Ce n'était pas la seule fois où j'avais « manqué de jugement ». Le sucre et la caféine ne sont pas très bons pour moi; ils affectent mon comportement et mon humeur. Toutes les personnes autistes ne devraient pas en consommer, car ça affecte le système nerveux central. Une journée où j'avais mangé beaucoup trop de chocolat, j'ai voulu faire une blague en allant m'asseoir sur les genoux d'un élève qui m'en avait lancé le défi. La plupart de la classe avait été surprise et d'autres avaient trouvé cela drôle. J'ignorais que c'était déplacé. Je ne voyais pas où était le mal. Ça m'arrive souvent de ne pas comprendre la faute que j'ai commise. Par la suite, ils m'ont taquinée en donnant à ce geste une connotation sexuelle, c'est alors que j'ai réalisé que j'avais été trop loin. Une chance que l'élève en question, celui-ci, n'a pas déposé de plainte contre moi, car il m'aimait bien, je crois. J'en avais parlé à mon mari et lui aussi avait trouvé ces deux incidents amusants; alors, j'ai cessé de m'en faire, car de toute façon je me disais que nous sommes aux adultes et que ce n'était que des blagues, un peu mal placées mais quand même. J'avais oublié le fait que certains n'avaient encore que 16 ans. Il y a des choses comme celles-là qui m'échappent; c'est comme si je n'avais pas de filtre ou comme si je n'arrive pas à prendre en considération plusieurs aspects en même temps; il y en a que je perçois et d'autres qui m'échappent. J'ai un peu tendance à agir sur le coup de l'impulsion sans penser plus loin que le bout de mon nez.

Plus tard, je reçois, par courriel interne, une convocation avec la direction, car une élève fortement médicamentée et perturbée a prétendu que je l'avais traité de folle devant tout le monde. J'ai fait réalisé au jeune directeur, sans beaucoup d'expérience, qu'il devrait vérifier la crédibilité de la source d'information avant d'intervenir auprès d'un employer; et à ma grande surprise, il était d'accord avec moi. Je venais de marquer un point et je m'en étais bien sortie, sauf que deux jours avant la rencontre, j'en avait fait des crises d'anxiété au point d'en avoir mal à la tête et d'avoir de la misère à trouver le sommeil et à le garder. Les Asperger, nous devons lutter constamment contre des inquiétudes parfois irrationnelles, mais les angoisses nous envahissent au point de prendre une ampleur démesurée. J'avais peur de me faire chicaner encore et encore, comme quand j'étais jeune. Je crois souffrir d'un choc post-traumatique dû à ma maltraitance infantile, car dans de telle circonstance, j'ai des symptômes physiques : je viens les jambes molles avec les fesses chaudes et une envie soudaine d'uriner; puis je sens les veines de mes bras se glacer, j'ai des sueurs froides avec l'impression de perdre connaissance. Les mêmes symptômes font surface lorsque je tombe sur un courriel négatif à mon bureau, au point que c'est rendu que j'ai peur de consulter mes messages; alors au lieu de le faire à tous les jours, je les lis juste 2 ou 3 fois par semaine pour m'éviter ces sensations désagréables. C'est peut-être relié aussi à de l'anxiété sévère. Je suis inquiète aussi quand j'ouvre une enveloppe de mon courrier à la maison quand rien à l'extérieur ne me laisse deviner de quoi il pourrait s'agir. Quand j'étais jeune, je n'avais jamais le droit de dire ce que je pensais, car je recevais des gifles; cela a sûrement contribué à une forme de mutisme chez moi maintenant. Je me mets souvent en situation de devoir faire face à une catastrophe soudaine et je déteste les surprises, car elles sont trop déstabilisantes pour moi. Il s'agirait peut-être d'une forme de paranoïa aussi. Les gens autour de moi sont tellement imprévisibles que j'ai parfois l'impression de marcher dans un champ de mines, je me mets toujours sur la défensive. Donc, il se peut que je perçoive du danger, aussi, là où il n'y en a pas vraiment.

Après de maintes réflexions face à l'événement mentionné ci-haut, je me suis demandé si l'élève avait eu une hallucination sonore ou une distorsion cognitive due à son état préexistant de maladie mentale ou si je souffrirais moi-même du syndrome de Gilles de la Tourette : c'est-à-dire, que je l'aurais dit sans même m'en rendre compte. Il m'arrive parfois d'émettre des sons ou des mots sans contexte; mais normalement, je m'en rends compte pendant ou après; et cela m'arrive surtout lorsque je suis seule étant donné que je me laisse plus aller et qu'en présence de quelqu'un ou de gens autour de moi, je fais plus attention pour me contrôler. Je m'étais rendu compte de ce mystérieux phénomène après avoir retrouvé ma mère biologique. Seule chez moi, je disais : « Maman! » à l'occasion comme si je l'appelais ou que je lui parlais même si je savais qu'elle n'était pas là; ça doit être parce qu'elle m'avait tellement manqué.

Au travail quelques temps après, je crois que des élèves ont demandé des révisions de notes vers la fin de l'année. Étant la seule enseignante en français dans ce centre, je ne pouvais pas aller valider mes doutes dans mes évaluations auprès des autres collègues comme certains le font dans le pavillon principal (donc, je ne serais pas la seule à ne pas être certaine d'être juste et à douter de mon jugement); et étant donné que certains élèves sont des moutons, il a suffi qu'une personne reçoive une réponse favorable à sa révision de note pour que les autres enclenchent le pas. De toute façon, je n'ai jamais aimé devoir me valider auprès des autres enseignants, car pour moi, c'était un peu comme si j'affichais mon ignorance et que j'avouais mon incompétence; alors que pour les autres, il s'agit du contraire : d'un acte professionnel. Je ne perçois pas les choses comme tout le monde.

J'avais passé de très belles vacances d'été cette année-là, car je ne me doutais de rien; c'est mon retour au travail qui a été compliqué, car quelques jours ou peu de semaines seulement après le début, je reçois une lettre en main propre de la part du directeur dans laquelle était inscrite une convocation avec des membres des ressources humaines et on spécifiait que je devais être accompagnée par mon «syndicat». La panique s'empare de moi, de tout mon corps, dans toutes mes cellules. C'est comme s'il y avait de la vapeur qui sortait par tous les pores de ma peau. On me remet cela un vendredi; ce qui est « inhumain », car j'en ai fait des crises d'angoisse pendant toute la fin de semaine au point de devoir prendre des somnifères et des tisanes calmantes; c'était une forme de cruauté mentale et j'en ai fait une plainte à mon syndicat. Je crois même avoir eu des crises de panique sans être complètement certaine de quoi il s'agit exactement. Je n'en connaissais même pas les raisons avec lesquelles j'aurai pu me préparer mentalement. On spécifiait juste un comportement non professionnel. C'est comme si, pour moi, c'était la fin du monde et que tous les édifices s'écroulaient sur ma tête. Je croyais que c'était le fait de m'être assise sur quelqu'un pour faire une farce; alors je m'étais préparé des explications. Mon mari prenait cela plus à la légère pour dédramatiser la situation et il m'a dit qu'ils allaient tous réaliser que j'avais juste « manqué de jugement » et qu'ils allaient passer l'éponge avec un avertissement. Je ne pensais plus à l'autre événement. Lorsqu'ils ont évoqué la feuille de cannabis, je me suis mise à rire en me levant debout, les deux bras dans les airs en criant : « Coupable! » comme une enfant. J'étais soulagée qu'il ne s'agissait que de cela, mais pour eux, ça semblait très grave. Je ne vois vraiment pas les choses de la même manière que les autres. Vous auriez dû voir l'expression sur leur visage : certains souriaient et se retenaient pour ne pas rire, alors que d'autres ont soudain pris un air de bœuf. Puis j'ai dû leur expliquer qu'il ne s'agissait pas d'une vraie ainsi que les raisons pour lesquelles j'avais fait ça, mais je donnais beaucoup trop de détails inutiles dans lesquels je me perdais moi-même. Les Asperger ont parfois tendance à en mettre de trop. Ensuite, on me fait part que mes évaluations n'étaient pas constantes, qu'il pouvait s'agir d'un bon pourcentage de décalage vers le haut ou vers le bas, que je ne voyais pas toutes les fautes, que j'étais soit trop subjective et dans d'autres cas trop objective, trop sévère ou pas assez sévère et que je me trompais parfois dans la dominante du texte. Comme mesure disciplinaire, j'ai eu droit à deux journées de suspension sans salaire que j'ai considéré comme étant des vacances forcées; ça faisait mon affaire d'avoir deux journées de congé, alors je ne me suis pas du tout sentie punie. Pour quelqu'un d'autre ça aurait été dramatique. Pourquoi est-ce que je ne pense pas et ne réagis pas comme les autres? Au lieu de recevoir une punition, on m'a fait un cadeau. Je ne comprends pas le monde dans lequel je vis.

Encore une fois, j'ai pris cela à la légère me rappelant ce qui se passe dans les ateliers lors des formations quand il y a des journées pédagogiques et je ne comprenais pas pourquoi ils s'acharnaient sur moi; alors que les autres pouvaient bien corriger de la manière qui leur plaisait, selon ma perception et interprétation. Je trouvais cela injuste, en plus, encore une foi. J'aurai fait une bonne avocate. Puisque les Asperger sont fervents de justice, j'ai tenu tête, car dans le passé, une de mes collègues, qui avait beaucoup plus d'expérience que moi puisqu'elle allait bientôt prendre sa retraite, m'avait laissé savoir son mécontentement suite à une demande de révision de note demandée par l'un de ses élèves puisqu'il y avait une différence de 36 %. Avait-elle été rencontrée, elle, pour cette faute par les « hautes instances »? Cela m'étonnerait. Alors je suis certaine d'avoir encore été la bête noire, la personne chez qui on cherche des bibittes. Quelqu'un m'en veut et on essaye de se débarrasser de moi. Paranoïa?

Plus tard, j'entends mes représentantes syndicales parler entre elles; l'une d'elle a dit : « En 20 ans de carrière, je n'ai jamais vu quelqu'un réagir comme elle l'a fait, je suis certaine qu'elle a quelque chose! » Quelqu'un d'autre aurait perçu cela comme une insulte; mais pas moi, j'avais trouvé cela mignon; car pour moi, ça voulait dire que j'ai quelque chose de « spéciale ». Une autre personne aurait été bouleversée par une remarque comme celle-là; alors que moi, j'avais trouvé cela amusant. L'une d'entre elles me fait lire le livre de Janette Bertrand, elle aussi était enseignante, comédienne et avait écrit des livres, mais elle était dyslexique. Croit-on que je le suis aussi? En le lisant, je m'étais rendu compte pour la première fois de ma vie que je pouvais confondre des mots qui se ressemblent : travaille pour trouvaille et que parfois des mots changeaient de place dans une phrase. « Oh, mon Dieu, j'ai des hallucinations! » Je devais relire certains passages pour bien les comprendre. Je ne m'en étais jamais rendu compte avant.

Entre temps, j'ai réalisé certaines choses étranges : mon jugement est différent d'une journée à l'autre ou d'un moment à l'autre au courant de la même journée; par exemple, une fois je peux être convaincue que la meilleure des choses pour moi est de suivre tel programme en formation à distance, et le lendemain, je suis heureuse de ne pas avoir entrepris les démarches de demande d'admission et le processus d'inscription, car cela ne m'intéressait plus. Mais, la journée suivante, le cycle qu'on pourrait attribuer de cercle vicieux recommence; et ce sans arrêt d'un jour à l'autre ou d'une semaine à l'autre. Je vis beaucoup d'ambivalence comme une barque qui se laisse bercer par les vagues ou comme une balance qui ne sait pas sur quel pied danser; on dirait que je ne sais pas ce que je veux réellement. C'est comme s'il y avait deux personnes en moi. Souffrirais-je d'un dédoublement de personnalité? Ça me fait peur!

Je n'ai pas de mémoire à court terme, j'oublie ce que je viens juste de lire. Quand je pense que je dois faire quelque chose, il faut que je le fasse immédiatement ou que je le prenne en note au risque de l'oublier. J'ai observé aussi le phénomène suivant : je fais de la projection ou de la transposition; voyant le mot bien écrit dans ma tête ou sachant comment il doit s'écrire, je le vois comme tel comme une diapositive envoyée sur un écran. Par exemple : si c'est écrit « le chienne », je vais voir « la chienne ». C'est la raison pour laquelle je ne vois pas toutes les erreurs dans les textes que je corrige que ce soit les miens ou ceux de quelqu'un d'autre. À certains moments, l'énergie entre mes neurones passe parfois avec un manque d'intensité et de constance ou d'autres fois avec un courant trop fort mélangé à des périodes dites normales. C'est comme si j'avais des courts circuits. Mes petites antennes cérébrales seraient donc désuètes. Je manque d'énergie cognitive et parfois j'en ai trop. Je crois avoir été mal fabriquée.

Voici ce que j'ai trouvé, dans mes propres mots, en faisant des recherches pour comprendre ce qui se passe dans ma tête : « Des études ont démontré un déséquilibre chimique au niveau des synapses qui établissent les relations entre les neurones; ce qu'on appelle les neurotransmetteurs. Certaines parties du cerveau sont suractivées alors que pour d'autres, elles ne le sont pas assez. Une sur activation ou une baisse énergétique peut modifier la perception de la réalité. » Wow! « Si les lobes frontaux ont un ralentissement ou une augmentation de neurotransmetteurs, ce sont les habiletés sociales et les émotions qui en seront atteintes. Si des neurotransmetteurs sont, en plus, défectueux, ils établissent une mauvaise connexion entre les cellules nerveuses. Cela pourrait être causé par un stress oxydatif relié à une pollution de l'organisme et à un déséquilibre de celui-ci. Une hormone serait reliée à ce trouble fonctionnel. Une maladie auto-immune du foie peut causer les mêmes symptômes et comportements. En résumé, il y aurait autant un côté inné (biologique et génétique) qu'acquis (environnement et expériences). Il n'y a pas de cause unique, mais une combinaison de facteurs est possible. » J'en suis quelque peu ébranlée. Les fils ne sont pas tous branchés au bon endroit dans mon cerveau, mais j'arrive à bien fonctionner quand même. Cela demeure un mystère.

Il y a aussi parfois des pannes de courant; car je fige et je tombe dans la lune de temps en temps. Ce sont mes élèves qui me l'ont dit, car je ne m'en étais même pas rendu compte et cela m'avait surpris, mais ça m'a fait peur en même temps. Il paraît que ces manques peuvent être semblables à de mini crises d'épilepsie, ce qui peut être fréquent chez les personnes Asperger.

Et ce n'est pas tout. Si je regarde la réponse du corrigé avant celle de l'élève, les deux réponses se mélangent dans ma tête et je n'arrive pas à prendre la bonne décision. Il m'est souvent difficile de choisir. J'ai un blocage au niveau des prises de décision. Ça ne fait pas le même effet si je lis la réponse de l'élève avant celle du corrigé, peut-être à cause de la calligraphie. Tout va bien ainsi lorsque la réponse doit être exactement comme celle du corrigé; les choses se compliquent lorsque c'est écrit « ou toute autre réponse ayant le même sens » ou encore « ou toute autre réponse étant pertinente », j'en perds mes moyens. Ensuite, on nous accuse d'être trop subjectifs. C'est assez pour devenir confuse, non!? J'avais tellement peur de mal percevoir que malgré mes lunettes, je corrigeais, en plus, avec une loupe. Imaginez-vous donc ça! Je manquais de précision et de rigueur; cela me rendait quasiment « folle », et je perdais tranquillement confiance en moi. J'ai de la misère à déterminer ce qui est essentiel de ce qui ne l'est pas. Je ne savais pas avant que faire des choix pour moi pouvait être aussi compliqué. Ce n'ai pas facile d'être moi je souhaite à personne de se retrouver dans ma tête où il y a un chaos total.

Je fais d'autres recherches pour trouver d'autres réponses et je tombe sur la possibilité de souffrir d'un trouble visuel au niveau du nerf optique, alors je vais chercher conseils auprès d'un opticien. Ma vue avait baissé, donc il a réajusté la force de mes verres. Voyant que je faisais des efforts au travail et que je semblais avoir trouvé la source de mon problème, on décide de me laisser une chance. Le syndicat a présenté ma prescription pour de nouvelles lunettes comme étant la solution à mon manque de vigilance et de constance dans mes corrections d'examens; et ce fut accepté. Sauf que j'ai réalisé que les mêmes choses se produisaient dans ma tête malgré mes nouvelles lunettes et que cela devenait une situation de plus en plus perturbante pour moi.

Au début de cette année scolaire, tous mes examens ont été saisis, je ne les trouvais plus, quelqu'un les avait pris. Je me renseigne auprès de ma conseillère pédagogique qui me suggère d'aller voir le directeur. Ce n'est pas bon signe, j'en tremble presque, mais il faut que j'aie l'air brave; comme d'habitude. Il m'annonce que toutes mes corrections d'examens seront vérifiées cette année. Il me dit même que je mets des fautes là où il n'y en a pas. Mes deux bras se sont décrochés et sont tombés à terre. Il me dit que soit je manque de bonne volonté ou que je suis tout simplement « incompétente ». Abasourdie, complètement ébranlée, je réussis quand même à garder mon calme même si je me sentais complètement déchirée à l'intérieur et mes jambes étaient tellement molles que je ne les sentais même plus; j'avais eu l'impression de fondre jusqu'en dessous de son bureau. Il me montre un examen, c'était un texte narratif. Il m'avait accusée cependant de quelque chose que je n'avais pas fait...Ah-ah! Car la soi-disant fausse erreur encerclée était faite par l'élève avec sa propre méthode en couleur d'autocorrection. J'ai dû lui prouver que je n'avais même pas de plume à l'encre de cette couleur-là. J'ai cru qu'on me cherchait des bibittes là où il n'y en avait pas et qu'on cherchait juste à m'écœurer pour que je parte. Le soir venu, j'étais découragée et je pleurais, car je pensais sérieusement à remettre ma démission, mais le budget dont le revenu familial ne me le permettait pas. Nous sommes esclaves et dépendants de notre salaire et prisonniers de nos dettes. Alors j'ai décidé de me retrousser les manches, de prendre le taureau par les cornes et de leur montrer de quel bois je me chauffe. Comme nos ancêtres devant l'ennemi ou un danger quelconque, ils pouvaient soit attaquer, ne rien faire ou se sauver. Alors je me suis mise à corriger tous les examens trois fois à des journées ou périodes du jour différentes en couleur différente en

« justifiant » mes choix dans la marge et je me basais sur la moyenne pour la note finale. C'est alors que je me suis aperçue que je voyais différemment d'une journée à l'autre. Sauf que c'est long d'entreprendre ce travail supplémentaire et j'ai moins de temps à passer en famille puisque toutes mes soirées y sont dédiées ou presque, ainsi qu'une partie de mes fins de semaines, mais je me suis dit que tous ses efforts en valaient la peine pour garder mon emploi, surtout que je savais que j'allais être la prochaine personne sur la liste à qui une permanence serait offerte à la prochaine séance d'affectations. Je me devais donc de performer et de faire mes preuves, mais je ne voyais presque plus mes enfants ni mon mari à qui je n'avais plus de temps à consacrer.

Je me rends compte, par moi-même, que je ne perçois pas toujours la même chose. Il ne manquait plus que ça! Il y en a qui m'échappent; par exemple, en révisant un examen, je m'aperçois que je n'avais pas vu la dernière partie d'une réponse et que, donc, je n'en avais pas tenu compte. Pourtant, elle sautait aux yeux. Une fois, j'arrive à comprendre ce que l'élève a voulu dire et l'autre fois, je trouve que cette même réponse n'a pas de sens. C'est la même chose concernant les textes que j'écris : une journée, je vais les trouver géniaux et la journée suivante : complètement mauvais. Mon jugement est déréglé. Je perds encore plus confiance dans mes moyens en découvrant cela et je remets en question mes capacités à bien gérer cette situation qui était si nouvelle pour moi. Ce serait tellement plus facile de jouer à l'autruche que d'affronter ce qui ne va pas, mais j'ai toujours voulu corriger mes difficultés.

Je suis si sensible au jugement et à la critique que j'ai tendance à dramatiser en anticipant. Un jour, je lis quelque chose d'écrit par l'intervenante sociale dans le dossier d'un élève à l'ordinateur. Je l'ai lu trois fois et j'ai toujours perçu ceci : « L'enseignante de cet élève ne fait pas bien sa job », accompagné d'un bonhomme sourire qui fait un clin d'oeil. Je fais imprimer le commentaire, affolée et fâchée, je me rends au bureau du directeur et je lui demande la raison pour laquelle des gens peuvent se permettre d'écrire une telle chose. Il le lit et me dit avec un petit sourire en coin de bouche qu'il n'y a là aucun problème. C'était écrit que l'enseignante faisait bien sa job. Alors pour me sauver la face, je mentionne que je croyais que le bonhomme sourire avait une connotation sarcastique. Je suis sortie du bureau comme un chien battu et honteux la queue entre les fesses. Je me suis dit que « MON CERVEAU ME JOUE DES TOURS ». Je vois des négations là où il n'y en a pas. Ou bien, je vois ce que je crois que ça doit être. « Au secours, j'ai des visions et je suis en train de devenir complètement cinglée! » Il me resterait plus qu'à entendre des voix et on pourrait me qualifier de schizophrène.

Même un soir, je lis un courriel d'une collègue et j'avais envie de lui répondre par un paquet de bêtises, mais avant de ce faire, je demande à mon mari de me dire ce qu'il en pense et à ma grande stupéfaction, il me dit que ce sont des commentaires gentils à mon égard. Dire que j'ai failli insulter la personne en retour. Là c'était trop, beaucoup trop! Ces deux dernières gouttes ont vraiment fait déborder le vase. « Je ne perçois pas bien et j'interprète mal.» Je décide d'aller me faire évaluer pour des troubles au niveau du fonctionnement cérébral. Je croyais même peut-être avoir une «tumeur au cerveau»; cette idée me terrifiait!!! Quelques jours après, je reçois la même proposition de la part du syndicat. J'étais heureuse d'en avoir pris, moi-même, la décision avant lui.

Je décide de consulter un neuropsychologue au privé même si je devais en défrayer les coûts personnellement (entre 1500$ et 1700$ canadiens), car les attentes au secteur public sont trop longues et j'avais besoin d'une réponse «rapidement». Je l'ai rencontré 3 fois à raison de 2 heures 30 environ étalées sur 6 semaines. Au début, je me souviens qu'il m'avait demandé si je comptais toujours tout, et si j'évitais de marcher sur les lignes qui séparent les dalles des trottoirs en pensant que cela pouvait me porter malheur. Je faisais ça avant lorsque je consommais encore des produits laitiers et du gluten. Il m'avait demandé si j'entendais des voix à l'extérieur de moi; je lui ai répondu que les voix que j'entends sont à l'intérieur de moi et proviennent de mon imagination ou de ma petite voix intérieure qui me conseille. Il m'a fait passer une batterie de tests allant de jeux que je qualifiais d'enfantins (recréer une figure avec des blocs de deux couleurs) à des activités de plus en plus complexes accompagnées de questionnaires à répondre par moi et mon conjoint sans nous consulter. À un moment donné, je faisais un jeu sur l'ordinateur où je devais classer des formes et couleurs d'après un modèle et le plus vite possible. Cela me prenait trop de temps pour réaliser que le modèle changeait occasionnellement : donc il s'agirait d'un « retard dans le traitement de l'information ». Oh, non! Il y avait aussi une feuille que je devais remplir sur place le plus rapidement possible où il était question de retranscrire des signes et des formes dans de petites cases. À un endroit, j'ai réalisé, moi-même que je l'avais inversé, mais pour ne pas perdre de temps, j'avais décidé de ne pas le corriger et de poursuivre. J'avais trouvé cet exercice très facile, mais j'aurais fait 5 erreurs d'inversion; ce que le neurologue considérait comme étant beaucoup pour une personne de mon âge. Ça fait mal! C'est comme si j'avais un miroir dans ma tête qui ne redressait pas toujours les choses dans le bon sens. Les choses se reflètent comme dans une cuillère. Est-ce que je vois le monde à l'envers? J'ai réalisé que j'avais déjà confondu les « b » et « d » en écriture ainsi que les sons « f » et « v ».

Entre temps, j'ai réalisé que je me trompais aussi au niveau des prises de présences, j'avais de la misère à distinguer Axel d'Alex. J'avais écrit 2106 au lieu de 2016 sur un formulaire et j'avais perçu sur ma calculatrice 91 pour une note sur 20 au lieu de 19. Je me suis donc rendu compte que j'inverse les chiffres et les lettres. Dans une peinture à numéros pour adulte, il y a une tache brune au milieu d'un espace bleu sans raison; il se pourrait que je me sois trompée par inversion de chiffres; ou bien, ce ne serait qu'une erreur d'inattention. Mais depuis quand ces choses-là m'arrivent-elles? Je me suis déjà réveillée une heure plus tôt que d'habitude, car j'avais mal lu l'heure. J'oublie parfois d'écrire la dernière lettre de mon nom de famille comme si elle restait dans la plume ou le crayon.

Je réalise que je ne perçois, peut-être, pas la réalité comme elle l'est vraiment. Alors je ne peux plus faire confiance à l'information que mes 5 sens m'envoient ni de la manière qu'elle est traitée. Je me sens complètement décalée et déstabilisée. Je ne sais pas ce qui m'arrive, je suis perturbée.

J'ai remarqué aussi que je dois écrire en lettres attachées, car sinon, je mélange les minuscules avec des majuscules : un autre trait marquant. Quand je faisais des fautes au tableau et que les élèves me le reprochaient, je leur disais que je voulais voir s'ils étaient pour s'en rendre compte (excuse communément employée en enseignement et apprise en stage).

J'ai de la difficulté à me souvenir de la règle des doubles consonnes que je cherche toujours les mêmes mots dans le dictionnaire afin de bien les orthographier. C'est pareil pour les accents, les sons « en ou an » et je confonds les é et les i que ça en devient fatiguant (Est-ce étinérant ou itinérant?, habilité ou habileté?), je doute tellement de mes capacités que je dois toujours tout vérifier. Le dictionnaire, le Bescherelle et la grammaire sont devenus mes meilleurs compagnons de travail, même si je connais bien les règles de grammaire et de syntaxe.

Le doute s'installe. Je me demande ce qui se passe. Je ne peux même plus me fier à mon cerveau; il faut que je sois plus maline que lui. Mais comment faire pour le déjouer?

En tout cas, je réalise aussi que lorsque j'envoyais mes textes chez des éditeurs, j'étais persuadée qu'il n'y avait plus de fautes, alors qu'ils en trouvaient encore et toujours. Je me souviens qu'à l'université, je faisais corriger mes travaux par une amie avant de les remettre, car on pouvait avoir des échecs seulement à cause du nombre de fautes. Pour avoir mon diplôme en enseignement et les qualifications légales, j'ai été obligée de prendre des cours de rattrapage en français qui étaient offerts à l'université et de réussir les examens; sinon je ne recevais pas mon baccalauréat en enseignement même si j'y avais réussi tous les cours, mais j'y suis parvenue dès le premier coup, cependant avec beaucoup de travail préparatoire et d'études.

Afin de travailler dans ce domaine, pour certaines commissions scolaires, il fallait, en plus, réussir le CEFRANC avec 80 % et plus auquel je m'étais « fortement » préparée, mais j'avais obtenu 78 %; alors je me suis tournée vers le SEL (service d'évaluation linguistique) avec qui j'avais obtenu 85 %, et j'ai insisté auprès des commissions scolaires pour qu'elles l'acceptent comme équivalent à l'autre, car si on faisait la moyenne, cela donnait ce qu'elles exigeaient. Ma proposition fut acceptée. Quel bonheur! J'ai été capable de travailler. Cependant, je ne comprends pas pourquoi mon problème n'a pas été perçu lorsque j'étais plus jeune si j'en avais un à ce moment- là: j'ai été élevée en Ontario, il se peut donc qu'on donnait moins d'importance au français pourtant c'était dans une région franco-ontarienne; à moins que cette problématique se soit développée avec le temps. Peut-on devenir dyslexique? J'ai souvent dû entreprendre des stratégies de contournement pour parvenir à mes fins; alors je devrais pouvoir en créer d'autres. La seule réponse que j'ai trouvée c'est qu'il se pourrait que ces troubles s'aggravent en vieillissant; ce qui expliquerait bien des choses.

En plus, je ne perçois pas les couleurs comme tout le monde. La voiture de mon mari est grise selon moi, mais d'après lui, elle est verte. Une fois en plein été, on s'obstinait au sujet de la couleur d'un chandail au loin : pour lui, il était orange, mais pour moi, il était rose. Ma représentante syndicale, avec ce fait que je lui avais raconté, m'a fait comprendre que je ne percevais pas les choses comme les autres et que j'avais certainement quelque chose au cerveau qui ne fonctionne pas bien. C'est toute une affirmation! Merci de me l'avoir dit avec autant de délicatesse! Qu'est-ce qui m'arrive? J'apprends à 49 ans que je suis peut-être « folle »! Pourtant j'avais déjà entendu dire que personne ne percevrait les couleurs de la même manière. Je me souviens d'une fois, lorsque je travaillais dans des magasins, qu'une cliente s'était fâchée avec une vendeuse qui ne voulait pas avouer que le chandail qu'elle voulait acheter était kaki, car l'autre le voyait jaune; alors que pour moi, il était vert. J'ai donné raison à la cliente malgré ma perception, car je savais que, dans ce domaine, le client a toujours raison et que le but était de vendre le plus de choses possibles. Et qu'est-ce que ça peut faire si on ne perçoit pas les couleurs de la même façon? Pour autant, cela ne fait pas de nous des fous!

La directrice syndicale m'avait conseillé de ne plus me faire amie avec mes élèves, de garder mes distances, de les aimer moins, de ne plus faire de blagues avec eux, ni avoir des sujets de conversation controversés; par exemple, je pouvais lancer un débat concernant l'avortement sans même penser qu'il y avait peut-être une fille dans la classe qui venait de passer par là et qu'elle risquait de se sentir visée et mal à l'aise. Bien que je pouvais penser aussi que cela la consolerait de réaliser qu'elle a fait le bon choix. Encore là, il y a des choses auxquelles je ne portais pas attention.

Bon, encore une fois, je suis alors tombée dans l'extrême, j'ai ressorti mon premier chapeau : celui de l'enseignante sévère, froide qui ne laisse rien passer puisque pour moi, c'est tout ou rien. J'avais même réussi à mettre un mur invisible entre moi et eux. Je me sentais être comme un robot qui répond à des ordres télécommandés et que je n'avais même pas le droit d'être moi-même ni d'afficher ma propre couleur. Les cours de théâtre que j'avais pris dans le passé m'ont grandement aidé à jouer des rôles et à porter des masques. Mais il y a tellement une grosse différence entre ce que je suis réellement à l'intérieur de moi et l'image que je dois donner de ma personne à cause des exigences sociales. On dirait que je porte plusieurs chapeaux et que je joue à des personnages. On devrait me laisser être moi-même et je devrais me le permettre aussi, mais on doit respecter les conventions sociales qui sont comme des barreaux de prison pour bien des personnes comme moi.

En attendant les résultats de mon évaluation, je fais des tests autodiagnostics sur Internet et ils me placent tous dans le syndrome d'Asperger. Si vous avez des doutes, je vous conseille de faire de même; il y en a plusieurs de disponibles et ils sont fiables dans la majeure partie des cas; ça vous donnera une idée et vous pourrez décider si ça vaut la peine d'investir dans une évaluation pour avoir l'avis d'un professionnel et de recevoir un diagnostic. Peut-être que vous allez aussi vous reconnaître dans ce livre, car je me suis reconnue dans tous les autres livres que j'ai lus sur le syndrome d'Asperger dont la liste de mes recommandations de lecture se trouve à la fin de ce livre : voir la bibliographie. Mon score le plus bas dans l'un de ces autodiagnostics sur Internet a été au niveau de la reconnaissance des émotions d'après les expressions des yeux. J'aurai donc de la difficulté au niveau du décodage du langage «non verbal », surtout en ce qui a trait aux expressions négatives; je pouvais confondre un regard méprisant avec celui d'une personne qui se questionne, par exemple. Ce fut toute une découverte! Donc j'aurais de la difficulté avec mes relations interpersonnelles, car je n'arrive pas à décoder les intentions de mes interlocuteurs; ainsi que leurs émotions du visage ni l'expression corporelle. Cela expliquerait bien des choses. J'ai de la misère à entrer en contact avec les autres ou à maintenir des conversations, car je ne comprends pas leurs gestuels et expressions. Il serait normal que j'aie eu de mauvaises expériences dans mes relations interpersonnelles. Si quelqu'un fait trop de gestes, je ne comprends pas ce qu'il dit, comme si je ne pouvais pas me concentrer sur deux choses en même temps. C'est pour ça que je demande souvent à mon conjoint d'arrêter de se gratter quand il me parle. ☺

Entre temps, ma représentante syndicale du centre où je travaillais me dit ceci : « C'est certain que ton neuropsychologue va te trouver quelque chose; au pire, il dira que tu es séquentielle.» Il y avait quelque chose de vraie dans ce qu'elle a dit puisque je donne plus d'importance aux détails qu'à la vue d'ensemble; c'est caractéristique chez les personnes Asperger.

Le jour avec un grand «J» arriva. Je présente effectivement une forme de dyslexie, mais qui n'est pas assez pertinente pour porter l'étiquette même d'une dyslexie légère, car le problème est intermittent; c'est-à-dire qu'il n'est pas toujours présent; ce qu'on pourrait qualifier aussi de partielle. Comment est-ce que cela est possible; que je sois dyslexique sans l'être vraiment? Ou qu'une journée, je le suis; alors qu'à la suivante, je ne le suis plus. Cherchez l'erreur! Un autre mystère.

J'ai trouvé plusieurs personnalités connues qui sont ou chez qui on soupçonnerait une dyslexie parmi lesquelles on retrouve des gens qui ont très bien réussi dans la vie malgré cette difficulté; entre autres : Agatha Christie, Benjamin Franklin, Bill Crosby, Carl Lewis, Princes Charles, Cher, Dustin Hoffman, Edgar Allan Poe, Galilée, Bush, Harry Anderson, Janette Bertrand, John. F. Kennedy, John Lennon, Jules Verne, Léonard de Vinci, Nelson Rockefeller, Winston Churchill, Lindsay Wagner, Louis Pasteur, Marlon Brandon, Michel-Ange, Steve McQueen, Steven Spielberg, Suzanne Sommers, Sylvester Stallone, Tom Cruise, Walt Disney, Woopie Gilbert, Pablo Picasso, Johnny Hallyday, Luc Besson, Georges Washington, Annie Brocoli. Il n'est pas rare, non plus, de retrouver de la dyslexie parmi les personnes Asperger.

Je n'ai pas de Troubles Déficitaire de l'Attention; et ça, c'est une bonne nouvelle! Cependant, je tombe dans la catégorie des « Troubles dans le Spectre de l'Autisme » répondant aux caractéristiques me qualifiant dans le Syndrome d'Asperger ou autiste de haut niveau, mais un diagnostic ne suffit pas à en porter l'étiquette puisqu'il faut qu'un deuxième neuropsychologue en arrive à la même conclusion, donc mon diagnostic n'est pas « officiel ». Je l'accepte avec sérénité quand même comme une délivrance. Je n'ai pas besoin que mon diagnostic soit approuvé par quelqu'un d'autre puisque je l'approuve moi-même étant donné que je m'en doutais avec les autodiagnostics faits avant, et que je l'accepte facilement (ce fut le cas au début). Je ne peux pas y investir le même montant une deuxième fois pour me faire dire ce que je sais déjà. Je suis autiste-Asperger et je suis fière de l'être (jusqu'à ce que je découvre toutes mes lacunes et ce que cela représente sur le plan personnel, familial, professionnel et social). Je peux enfin mettre des réponses sur mes questions et je comprends tellement plus de choses maintenant. Le fait d'avoir un diagnostic non officiel enlèvera le goût à certaines personnes malveillantes à mon travail de vouloir s'en servir pour tenter de me faire du mal ou de me faire partir. Mon syndicat m'avait prévenue qu'il pourrait y avoir des gens qui m'intimideraient ou qui essaieraient de me prendre à défaut pour couver la propre estime d'eux-mêmes. Donc, une copie de mon évaluation est maintenue cachetée dans mon dossier et on s'en servira au besoin dans le futur. De toute façon, personne ne pourra dire que je le leur ai caché puisque j'ai mentionné mes doutes à ce sujet même dans mon premier livre publié.

La directrice syndicale m'a raconté qu'une enseignante avait découvert tard dans sa carrière qu'elle était dyslexique aussi et que la commission scolaire ne pouvait pas la mettre dehors; elle pouvait continuer d'enseigner, mais les examens étaient corrigés par quelqu'un d'autre. Un autre enseignant s'était fait accusé de sacrer continuellement en classe et il a découvert qu'il avait le syndrome de Gilles de la Tourette. Elle m'avait suggéré de ne pas parler de mon diagnostic à tout le monde, que ça ne regarde personne, mais seulement celles en qui je pouvais avoir confiance si je le désirais. Pourtant, moi, j'ai envie de le CRIER sur tous les toits; je voudrais que tout le monde le sache! Elle m'a aussi assurée que si on était obligés de sortir mon diagnostic éventuellement pour expliquer certaines choses, que la commission scolaire n'aurait pas le droit de me mettre dehors, car cela toucherait à la Charte des Droits et Liberté de la Personne et que dans le cas échéant, on pourrait même faire appel aux médias. Je ne désire pas vivre, non plus, sur des rentes d'invalidité; je ne trouverais pas cela très valorisant.

J'aurai donc un dysfonctionnement cérébral au lobe frontal qui affecterait ma mémoire et mon jugement. C'est aussi le siège des émotions (dont l'anxiété, la dépression et le manque d'empathie) et du langage (dont le non-verbal). Donc, il ne s'agit pas d'incompétences ni d'un manque de bonne volonté de ma part, comme on a tenté de me le faire croire, mais d'un handicap neurologique; ou plutôt : une différence au niveau de la perception et des interprétations. D'après les recommandations de mon neuropsychologue, j'aurai le droit d'avoir des mesures adaptatives au travail comme celles qu'on permet d'avoir à certains élèves en difficulté; et que je pourrais exercer mes fonctions avec un portable. Le mieux serait de créer un groupe du premier cycle du secondaire (1 et 2) juste pour moi avec un maximum de vingt élèves. Mais d'après le syndicat, ils ne pourront pas m'exhausser, car ils doivent tenir compte de la liste d'ancienneté pour la distribution des postes lors des séances d'affectations. Puisque cela n'a jamais été fait dans le passé, au diable la nouveauté : pas question de créer un nouveau concept. Quelle rigidité! Tout semble être coulé dans du béton. Ils ont peur du changement même si c'est pour améliorer une cause. On prétend que les personnes autistes sont trop rigides, mais que peut-on dire au sujet de ces neurotypiques? On m'accuse de ne pas être adéquate, mais on refuse de me fournir les outils nécessaires pour l'être. Qui est-ce qui a de la difficulté à s'adapter au changement, moi ou eux?

Si la capacité d'adaptation est une fonction essentielle à la survie humaine, il y aurait de fortes chances que la catégorie des neurotypiques (personnes « normales ») viendrait à disparaître. Si des gens essayent de rendre les personnes différentes semblables à eux, par toutes sortes de moyens, c'est peut-être ceux-là qui ont de la difficulté à accepter les différences dans un monde où l'on prône qu'on devrait accepter les différences. Il y a une diversion ou une controverse entre ce qui est dit et ce qui est fait. Mais enfin; chacun ses problèmes et à chacun sa vison des choses.

Ça fait bizarre quand même quand on y pense : je suis enseignante de français et écrivaine partiellement dyslexique et autiste-Asperger. C'est difficile à croire. Dites-moi que je rêve!

Je n'ai pas juste une dyslexie visuelle mais sonore aussi. Dernièrement, je devais aller chercher mon fils à 13h15, mais j'avais toujours lu et entendu 3h15 : côté sonore et visuel; il n'y a pas une énorme différence, mais au niveau de la durée et de l'attente pour lui, il y en avait une qui était grosse. Il était fâché, mais il a réussi à contenir sa colère pour ne pas me la cracher en pleine figure. Je ferais donc de la distorsion auditive et visuelle...Ça fait peur! Je me souviens aussi qu'avec le neurologue lors d'une dictée de mots inexistants, je confondais des sons semblables comme les « é » et les « i ». Il s'agit d'une « distorsion cognitive visuelle et auditive ». Toute une révélation! Comment ai-je fait pour survivre et réussir avec une telle problématique?

UNE REMISE EN QUESTION S'IMPOSE

Je suis quand même ébranlée par la découverte de cet état chez moi, je ne vous le cacherai pas, car au fur et à mesure que je m'observe et que j'étudie mon passé; je trouve que je réponds de plus en plus aux critères me qualifiant dans cette catégorie. Cela m'amène des questionnements auxquels j'ai tenté de trouver des réponses. J'essaye de comprendre.

Ça fait très étrange d'apprendre à mon âge que j'aurai supposément toujours eu ce handicap sans que personne auparavant, ni moi, ne s'en soit rendu compte. J'ai toujours cru que j'étais une personne « normale ». Alors, je m'interroge à savoir : c'est quoi être normal au juste? Et qui peut prétendre l'être vraiment? Si tout est relatif et qu'il n'y a pas de vérité absolue ici bas en ce monde, qui a raison? Qui perçoit et interprète les choses de la vie de la bonne manière? Les neurotypiques (normaux) ou les neuro-atypiques (Asperger)? Ce qui est normal pour un, peut ne pas l'être pour l'autre; tout le monde créerait sa propre normalité; même que cette notion serait différente d'une culture et d'un pays à l'autre.

Être normal, selon la description du terme, c'est d'abord de ressembler aux autres. Il faut entrer tous dans le même modèle! Tant pis s'il n'y a plus de place dans le wagon du métro, la porte doit fermer. Il paraît que dans des pays où le nombre de population est élevé qu'il y a des gens qui sont payés pour pousser le plus de monde possible dans les wagons; ça ressemble un peu à ça : il faut entrer dans le moule. La moyenne l'emporte et il n'y a pas de place pour la diversité puisque les standards à respecter sont régis par la majorité auxquels on doit se conformer sous peine de rejet. Le modèle est basé sur un idéal collectif qui détermine ce qui est acceptable de ce qui ne l'est pas. Cette réalité n'a pas été créée par la nature, mais construite de toute part par « l'institution humaine ». Tout ceux et celles qui refusent de s'y soumettre sont traités de marginaux. Ce qui est exigé ne correspond pas toujours aux valeurs et aux convictions profondes de chaque individu. Une personne normale en est une qui ne dérange pas les pensées et le mode de vie établis, car la norme est de suivre le troupeau tout bonnement, sauf que pour être un mouton, il faut être blanc ☺ et j'ai toujours été le mouton noir, bien que j'étais capable de suivre les autres, mais préférablement de loin le plus possible.

Dans le livre intitulé : « La sagesse des anciens », écrit par Wayne W. Dyer, j'ai lu ceci : « On vous rappelle constamment ce que vous devez ou ne devez pas croire. La peur devient le fidèle compagnon de vos croyances et, malgré vos doutes, vous adoptez ces croyances pour en faire des béquilles qui vous aideront à avancer péniblement dans la vie, tandis que vous cherchez une façon d'échapper aux pièges soigneusement placés sur votre route par les générations de croyants qui vous ont précédé...Il ne parle pas de rejet, mais d'être assez adulte et mature pour se faire sa propre idée et vivre de ce savoir, au lieu de s'en remettre aux expériences et aux témoignages des autres. »

Ce sont les marginaux ou les non-conventionnels qui ont permis à l'humanité d'avancer sur le plan scientifique et artistique. Que serait devenu le monde sans les grands savants autistes?

Toutes les personnes qui ont un comportement différent sont aussitôt sanctionnées par la société et mises de côté, car c'est très déstabilisant pour un groupe d'individus semblables qui font et qui pensent comme tout le monde. Ceci présente une contradiction évidente : ceux qui sont considérés comme étant dans la norme n'arrivent pas à s'adapter aux personnalités déviantes ni à accepter les différences. Mais en retour, la société demande aux autistes de s'adapter aux autres et les force à entrer dans la masse. Pourquoi est-ce que le contraire n'est pas possible? Ou bien, au lieu de nous obliger à faire les mêmes grimaces comme si on était tous des singes, il suffirait d'adapter l'environnement à nous afin qu'on le trouve moins méprisant; on aurait ainsi moins tendance à se refermer sur nous. Ce ne serait pas une condition anormale si tout le monde avait une anomalie. Ne serait-il pas mieux d'accepter les différences que de forcer toutes les personnes à porter le même uniforme? La diversité a beaucoup à apporter à la collectivité.

Certaines personne sont jugées comme étant normales parce qu'elles n'ont tout simplement jamais été confrontées à des difficultés existentielles qui ferait surgir leur état de faiblesse qui jusqu'à ce moment était camouflé. Se faire classer dans la norme demande de ne pas avoir de réaction démesurée ou excessive face à telle ou telle situation; par exemple, il ne faut pas être trop courageux dans une situation où la lâcheté l'emporterait dans la majeure partie des cas. Et pourtant tout le monde ne peut pas réagir de la même manière face à une même problématique, puisque le tout est ramené à leurs expériences personnelles qui diffèrent d'un individu à l'autre. Voici un exemple : si la majeure partie des soldats d'une armée quelconque se sauvent devant l'ennemi, ceux-ci sont considérés comme étant normaux, car ils sont plus nombreux à agir de la sorte; et le petit groupe qui a décidé de rester et de combattre est anormal, car il s'agit de la minorité. Sur quoi est basé ce jugement?

« Ne perdez pas de vue qu'un esprit réputé neurologiquement classique a des préjugés classiques et les mots dérèglement et imperfection sont ancrés dans ce préjugé rigide qui décide ce qui est normal et ce qui est anormal. »(1)

Est-ce que pour se faire accepter, il faut faire comme tout le monde et se taire? Qui ne s'est pas déjà fait dire : « Fais ce que je te dis et tais-toi! » Alors par crainte de me faire remarquer et mise de côté, par soucis de tranquillité, je me suis faite toute petite et j'ai vite appris l'art d'imiter. J'ai toujours réussi à me fondre dans le paysage et dans la masse, parfois même, je dirais, comme un caméléon. Je dois jouer la gamme des couleurs qui m'est présentée et non afficher ma propre couleur. Ça doit être pour cette raison que je me suis toujours sentie comme un petit oiseau qui n'arrivait pas à sortir de sa coquille; bien qu'aujourd'hui j'essaye toujours de m'envoler mais j'ai toujours des morceaux de coquille qui restent pris dans mes plumes. ☺ Je n'ai jamais eu le droit d'être moi-même, car je devais toujours faire et être comme tout le monde. Qui suis-je? La stabilité et la rigidité qu'on m'imposait avait quelque chose de contraignant et de stagnant, c'est qu'elle m'empêchait de développer mon potentiel créateur et mes talents particuliers. Cela m'a empêchée de devenir une personne épanouie et sûre d'elle-même. En plus, cela a créé des blocages en moi. Mon mécanisme ne pouvait pas rouler dans le sens qu'il avait été fabriqué. On ne demanderait pourtant pas à une sécheuse de laver le linge. Pourtant, si on fait un saut en arrière, on se rendra compte que la société a évolué grâce aux pensées divergentes des anticonformistes comme j'ai déjà dit.

Des autistes-Asperger ont changé le monde grâce à leur façon de le voir. Parmi les personnes les plus célèbres dans le monde artistique et scientifique se retrouvent une panoplie d'individus « hors de l'ordinaire » qui ont marqué l'histoire de l'humanité, il y aurait entre autres : Bill Gates, créateur informaticien de Microsoft; Mark Zuckerberg, créateur de Facebook; Marie Curie, chercheuse qui a découvert un remède contre le cancer; Albert Einstein, scientifique et physicien; Alexandre Groham Bell, inventeur du téléphone;

Vincent Van Gogh, peintre; Andy Warhol, peintre; Henry David Thoreau, philosophe naturaliste; Donna Williams, auteure; Ryan Smoluk, scupteur; Virginia Woolf, écrivaine; Bob Dylan, auteur, compositeur et interprète; Bobby Fisher, champion d'échecs; Glen Gould, pianiste; Alfred Hitchcock, réalisateur et producteur de films; Ludwig Van Beethoven, musicien et compositeur; Emily Dickinson, poète; Henry Ford, inventeur de l'automobile; Isaac Newton, mathématicien et physicien; Jane Austen, écrivaine; John Forbes Nash, mathématicien; Keanu Reeves, acteur; Marc Turain, écrivain; Mickel Jackson, compositeur et interprète; Temple Grandin, professeure et conceptrice renommée; Thomas Edison, inventeur de l'électricité; Tim Burton, réalisateur; Wolfgang Amadeus Mozart, musicien et compositeur; Woody Allen, comédien, auteur et producteur; Walt Disney, créateur et concepteur; Vladimir Poutine, politicien; Suzanne Boyle, chanteuse; Michel-Ange, artiste peintre; Dan Ackroyd, des Blues Brothers; Orson Welles, comédien et cinéaste; Charles Darwin, biologiste; Thomas Jefferson, politicien et inventeur; Oscar Levant, musicien et acteur; Paul Roberson, acteur, musicien et chanteur; Gregor Mendel, botaniste et biologiste; Béla Bartók, musicien et compositeur; Carl Sagan, astonome; John Hartford, violoniste; Jerry Newport, savant et écrivain; Jean-Paul Bovee, conférencier; Dan Aykroyd, comédien et producteur; pour n'en nommer que quelques uns.

Il paraît que le vrai génie vit dans une souffrance profonde; ce qui expliquerait le retrait et le repli sur soi. Le Docteur Grandin Temple a dit que le génie est une imperfection. De plus il affirme ceci : « Notre civilisation paierait probablement un prix fort si le gène qui cause l'autisme et le syndrome d'Asperger venait à être éradiqué. Le monde serait alors peuplé de ces vaniteux aux conversations vides et intarissables. Adieu nouveauté! Adieu créativité! » On appellerait donc « anormales » les personnes qui ont des capacités créatrices; alors que l'on doit notre santé à certaines de leurs inventions. Retirer le syndrome d'Asperger, c'est retirer le génie et le talent. Imaginez notre monde actuel sans automobile, sans téléphone, sans électricité, sans ordinateur…Il ne faudrait pas que les chercheurs découvrent un gène particulier qui donnerait ce syndrome et qui pourrait être détecté avec les tests lors des grossesses pour éviter que les femmes y mettent un terme; ce serait priver l'humanité d'une évolution progressive.

C'est grâce à leur vision, perception, interprétation et conception différente du monde qu'ils ont accompli des choses remarquables. Ce sont leurs traits inhabituels qui ont contribué à les rendre célèbres : ce sont des personnages historiques. Ils ont préféré suivre leurs idées que ce qu'exigeait d'eux la société. Nos vies ont été enrichies grâce à eux et nous pouvons continuer de jouir de la contribution qu'on fait ces personnes à la société puisque l'on profite encore aujourd'hui de leurs inventions et découvertes.

Hans Asperger, celui qui a découvert cette forme d'autisme particulière qui ressemble à de l'autisme sans en être vraiment et à quoi son nom fut donné, aurait été lui-même Asperger et c'est peut-être cela qui l'aurait aidé dans sa carrière de médecin, car des « limitations quelconques » peuvent être considérées comme étant des « compétences particulières ». Il n'y a rien de mal à être différent; il y aurait même certains avantages.

Sans prétention, je me permets de croire ou d'espérer, qu'à la longue, mon nom sera « peut-être » ajouté à cette liste pour ma contribution à défendre la cause des autistes à travers les livres que j'ai écrits. Et je dis cela en toute humilité ☺. Des femmes Asperger sont devenues célèbres grâce à leur autobiographie dont certaines sont données en référence à la fin de ce livre, bien que la gloire n'ait jamais été leur objectif.

Le système médical a essayé de me faire croire que l'autisme est une condition permanente qui ne se guérit pas et qu'en plus, on viendrait au monde avec. Plusieurs personnes souffrent malheureusement à cause de ces idées et de ces croyances préconçues. Je suis certaine que si je n'avais pas été Asperger, j'aurais sans doute accepté de prendre la route qui m'était indiquée; c'est-à-dire : la « résignation » sous toutes ses formes lorsque j'ai appris que mon fils était autiste. Il m'était inconcevable de regarder mon enfant se noyer sans que je puisse lui porter secours. Pour moi, il était possible qu'une autre réalité puisse exister en dehors de celle qu'on m'imposait. Si j'avais vu les choses comme tout le monde et si j'avais cru tout ce que l'on racontait autour de moi, si je n'avais pas pensé que quelque chose d'autre puisse être probable au-delà de la croyance populaire, jamais je n'aurai pensé qu'il était possible de soigner mon fils. Je suis très heureuse de ne pas voir les choses comme les autres et je suis contente aujourd'hui de ne pas avoir suivi les traces qu'on voulait me faire prendre quasiment de force comme si je n'avais pas le droit de penser par moi-même.

Sans doute que les recherches que j'ai entreprises lors de mes études m'ont rappelée qu'il faut toujours chercher plus loin, que la vérité se cache à quelque part. Je ne pouvais pas croire qu'il n'y avait pas quelque chose que je puisse faire pour l'aider. J'ai refusé d'entrer dans le moule, et j'ai bien fait; j'ai pris un autre chemin, j'ai voulu voir les choses autrement, exploré l'inconnu et c'est ce qui a conduit mon fils à son rétablissement. La persévérance et la détermination est beaucoup mieux que la soumission à un système, mais c'est aussi refuser de se laisser manipuler. J'ai certains mérites, car c'est mon syndrome qui m'a fait voir les choses autrement et qui m'a conduit vers la réussite.

Si cela avait pris un siècle avant que les humains acceptent la théorie de Galilée concernant le fait que la Terre est ronde et non plate, je peux m'attendre à autant de décennies et de persécutions avant que ma thèse et celle de d'autres parents et médecins soit admise. Le monde évolue rapidement en technologie, mais lentement dans d'autres domaines. C'est l'erreur que plusieurs font de suivre les doctrines déjà tracées. Les êtres humains sont très bons en imitation, mais aussi en « limitation ». Tout ce qu'on nous empêche d'explorer et de connaître nous ouvrirait de nouveaux horizons, mais la plupart des gens portent des œillères ou se rentrent la tête dans le sable et demandent aux autres d'en faire tout autant. Nous sommes pris au piège des exigences sociales. On ne prend même plus le risque de s'interroger, car on serait jugés et regardés de travers.

« Les grands esprits ont toujours suscité l'opposition des esprits médiocres! » disait Albert Einstein, autiste-Asperger lui-même. Le génie est une capacité créatrice hors de l'ordinaire. Aldous Huxley, dans son livre « Le meilleur des Mondes » dit : « Les surdoués eux-mêmes préfèrent être libres et conserver leur liberté d'esprit, en échange de leur contribution au sein d'une société qui les comprend à peine. » La société a évolué grâce aux pensées et aux visions divergentes. Ne l'oubliez pas.

J'entends déjà les gens sceptiques crier : « Tu prétends avoir guéri ton fils, pourquoi ne te guéris-tu pas toi-même? » (Voir mon livre : « L'autisme n'est pas irréversible : comment mon fils a été guéri ») Alors je leur répondrai ceci : « J'ai fait disparaître chez lui les symptômes lorsqu'il était très jeune avant qu'il y ait des torts irréversibles au cerveau. Je dis souvent aux parents que plus l'enfant est pris en charge tôt, plus il a des chances de s'en sortir. Chez moi, les dommages ont eu lieu, peut-être, tout au long de ma vie et il ne sera pas possible pour moi de les réparer tous à mon âge. La consommation régulière de gluten et de caséine pendant autant d'années, c'est comme si j'avais pris de l'opium ou de l'héroïne étant donné que si ces molécules protéiniques sont mal digérées par manque d'enzymes, elles se transforment en opiacés, passent à travers la membrane intestinale si elle est poreuse, voyagent dans le sang jusqu'au cerveau où des cellules sont détruites par l'euphorie produite et qui, par la suite, ne se régénèrent pas. Après leur destruction, elles sont remplacées par d'autres, qui au départ avait une autre fonction : une modification dans le cerveau s'opère au niveau des changements de rôle. Les connexions se branchent « autrement » pour compenser. Ce serait l'une des raisons pour laquelle, les personnes autistes excellent dans des domaines tout en ayant de graves lacunes dans d'autres. Je peux juste empêcher l'aggravation du processus. » Pour se faire, je dois continuer la diète sans gluten et sans caséine, éviter le sucre et les féculents, prendre des suppléments (vitamines, minéraux, enzymes, oméga, probiotiques), continuer de lutter contre les levures et parasites intestinaux, faire baisser le stress oxydatif en consommant le plus d'antioxydants possible, éviter les polluants et les produits chimiques de toutes sortes et suivre des chélations pour faire sortir les métaux lourds. En faisant des tests et analyses avec un laboratoire américain, j'ai découvert que je suis fortement intoxiquée à l'arsenic presqu'à une dose mortelle et que ce métal lourd crée des dommages aux neurones, en plus d'avoir des traces d'aluminium, de mercure, de plomb et d'antimoine : tous neurotoxiques. Ce qui est difficile pour moi c'est au niveau des allergies alimentaires qui ne cessent d'augmenter jusqu'à nécessiter le port et l'usage d'Épipen. C'est nouveau chez moi, je me suis rendue deux fois à l'urgence en ambulance pour des chocs anaphylactiques. Il y a des produits naturels que j'utilisais pour nettoyer mon foie et pour faire sortir les métaux lourds que je ne suis plus capable de prendre à cause de réactions graves et mortelles à certaines plantes médicinales; je vais devoir me tourner vers d'autres alternatives.

Mon système immunitaire ne fonctionne pas bien non plus, j'ai une maladie auto-immune; c'est-à-dire que mon système immunitaire produirait des anticorps contre mes propres cellules et organes; il pourrait donc aussi s'attaquer au cerveau et à ma muqueuse intestinale. N'y a-t-il pas un grand philosophe qui aurait dit ceci : « L'homme va se détruire par lui-même »? En passant, l'autisme fait partie des maladies auto-immunes. De plus, j'ai toujours eu des problèmes avec mon foie; donc la détoxication et le nettoyage de mon corps se ferait mal.

Le corps se bat contre un stress oxydatif. Je crois que l'autisme est aussi un empoisonnement sanguin, une pollution, par la porosité intestinale. Imaginez avoir des parasites et des déchets qui circulent entre les neurones; c'est assez pour mettre des bâtons qui bloquent l'engrenage des roues. Il y avait un documentaire que j'avais regardé à la télévision et qui montrait comment est-ce qu'un champignon pouvait contrôler le système nerveux des fourmis jusqu'à ce qu'elles deviennent paralysées. On sait que des levures peuvent traverser la muqueuse intestinale et voyager dans le système sanguin. Lorsque j'ai consulté une naturopathe, elle avait examiné du sang vivant au microscope et m'avait montré que j'avais des levures dans le sang; ce qui confirme une porosité intestinale chez moi. Les personnes autistes ont une porosité intestinale. De plus, les levures et d'autres bactéries indésirables produisent des substances neurotoxiques. Il s'agirait aussi d'un débalancement biochimique surtout au cerveau. Je crois être devenue autiste par une pollution externe et interne (natuelle, industrielle, pharmaceutique et autre)

Je suis heureuse d'avoir appris que je suis moi-même autiste, car comme ça, personne ne pourra dire que j'ai guéri mon fils parce qu'il n'était pas un «vrai » autiste si l'on prend en considération la prédisposition génétique possible et le côté héréditaire probable. « Et v'là dans les flancs! » « Les sceptiques seront confondus », comme le disait si bien le Capitaine Bonhomme ☺. On ne dira pas à une personne qui réussi à contrôler son diabète que c'est parce qu'elle n'était pas une vraie diabétique. On ne dira pas non plus que quelqu'un a vaincu le cancer parce que ce n'était pas un vrai cancer. Voyons! Un peu de bon sens!

Ma volonté première était de partager, au grand public, les informations que j'ai trouvées. Lorsqu'on me demande combien de livres j'ai vendus, je réponds que cela m'importe peu, que ce qui est important c'est le nombre de personnes qu'ils ont aidés. Je cherche la reconnaissance de mes savoirs et découvertes, et non la gloire. Quand Marie Curie, autiste-Asperger, elle aussi, a découvert l'uranium pour traiter les cellules cancéreuses, elle n'a même pas voulu y déposer de brevet pour s'enrichir et a préféré en faire bénéficier tout le monde au nom de la science.

Le changement et le renouveau permet à la société d'évoluer. La souplesse engendre donc la tolérance à plusieurs niveaux. Aujourd'hui avec les nouveaux moyens de déplacement, nous sommes confrontés à d'autres cultures et civilisations; ce qui nous oblige à remettre en question notre propre façon d'appréhender le monde. Les préjugés envers les différences sont dus à une incompréhension du phénomène. Si ce qui est vu comme étant normal dans un pays peut être considéré anormal dans un autre; donc où est le problème?

Alors, les personnes «normales» sont peut-être celles qui le sont le moins dans le fond. C'est juste qu'elles répondent aux critères de ce qui est le plus fréquemment rencontré et observé, ce qui est conforme aux règles établies et au modèle courant du type moyen imposé par elles selon leur propre vision. Dans la classification de ce qui est normal versus ce qui ne l'est pas, on ne fait que chercher à donner un sens à un contexte de références. Les gens doivent alors faire des choses habituelles sans aucun élément de surprise; ce qui équivaut à une certaine platitude.

Un changement n'est pas nécessairement mauvais, mais on dirait que la nouveauté fait peur.

Pour moi, être Asperger n'est pas avoir quelque chose en moins, mais plutôt quelque chose « en plus ». Pour plusieurs, être Asperger n'est pas un handicap, mais tout simplement : une différence. Mon médecin m'a dit ceci lorsque je lui racontais être perturbée par mes difficultés : « Ne vois pas cela comme des faiblesses, mais plutôt comme des particularités! »

Si être normal constitue quelque chose d'ordinaire qui n'est pas exceptionnel, dire qu'une personne est «ordinaire» n'est pas très valorisant à ce que je sache; et en ce qui me concerne, je préfère être considérée comme étant une personne exceptionnelle, spéciale et originale. Et vous? ☺

Être autiste-Asperger n'est pas la fin du monde, mais le début d'un monde nouveau, car cette anomalie neurologique pourrait bien devenir la norme éventuellement si le taux continue d'augmenter à travers le monde. Certaines personnes on commencé à croire que l'autisme pourrait bien être une nouvelle espèce humaine. Si l'on met dans le même panier toutes les personnes qui ont des symptômes qui ressemblent à ceux des personnes autistes; entre autres : les déprimés, les anxieux, les hyperactifs, les hystériques, les paranoïaques, les solitaires...et j'en passe, il se pourrait qu'une bonne partie des habitants de la planète soient autistes s'ils ne présentent dans les faits qu'une variante de ce phénomène. Il y a aussi tous ceux qui ne sont pas diagnostiqués. Est-ce que le monde serait meilleur? En tout cas, il y aurait, peut-être, moins de guerres, moins de violence, moins de haine, moins de jugements; plus d'acceptions, d'indulgence et de tolérance. Nous, les autistes, nous acceptons que vous soyez différents; ce qu'on a de la difficulté à accepter, c'est votre comportement envers nous, votre incompréhension et votre manque d'empathie. Alors que vous prétendez, les neurotypiques, que ce sont nous, les autistes, qui manquons d'empathie. Définitivement, nous ne vivons pas sur la même planète!

Le syndrome d'Asperger pourrait bien être une nouvelle forme d'intelligence supérieure. Dans le domaine scolaire, j'ai appris qu'il y avait 8 sortes d'intelligence. Howard Gardner, psychologue les avait trouvées et en a rajouté une neuvième par la suite. On peut entrer dans plus d'une catégorie; bien qu'il y en ait une seule qui domine :

1-L'intelligence linguistique-verbale : le langage est utilisé pour comprendre et s'exprimer autant à l'écrit qu'à l'oral avec une facilité à jouer avec les mots; ce qui fait de ces personnes d'excellents écrivains, auteurs, orateurs, interprètes, traducteurs, avocats… : toute personne qui aime lire, écrire et raconter des histoires. Par exemple, Victor Hugo et Gilles Vigneault.

2-L'intelligence logico-mathématique : l'utilisation de la logique est prise dans l'observation et l'analyse facilitant la résolution de problèmes dans des opérations mathématiques complexes. Ces gens sont capables de raisonner d'une manière abstraite, d'émettre des hypothèses et de comprendre des phénomènes qui ne sont pas très évidents faisant d'eux de très bons chercheurs, médecins, informaticiens, champions aux échecs, et scientifiques : entre autres, Albert Einstein (Asperger) et Hubert Reeves.

3-L'intelligence rythmique-musicale : la conception, la reconnaissance et la mémorisation de modèles se font grâce à une capacité de penser en fonction d'un rythme. Les individus dans cette catégorie aiment créer et interpréter faisant d'eux de bons musiciens et chanteurs comme Mozart (Asperger)et Paul McCartney.

4-L'intelligence corporelle kinesthésique : l'expression corporelle est utilisée pour communiquer avec la capacité d'appréhender un mouvement en calculant sa force et sa hauteur dans le but de créer l'effet voulu que l'on retrouve parmi les gymnastes, danseurs et athlètes de cirque; donc les personnes qui aiment faire des exercices et pratiquer des sports comme Mario Lemieux et Margie Gillis.

5-L'intelligence naturaliste : l'utilisation de la connaissance se fait par la sélection, la classification et la discrimination en ce qui a trait aux minéraux, végétaux et animaux; ce qui permettrait à quelqu'un de survivre en forêt grâce à ses qualités de chasseur et pêcheur. Les éleveurs et cultivateurs font partie de cette catégorie où l'on retrouverait également Anna Atkins, botaniste, et Charles Darwin, biologiste (Asperger).

6-L'intelligence interpersonnelle : la facilité à interagir avec les autres et à leur venir en aide fait de ces personnes de très bons organisateurs et négociateurs qui peuvent détecter facilement les intentions des gens et qui aiment particulièrement le travail en équipe tels que Mère Theresa et René Lévesque.

7-L'intelligence intrapersonnelle : l'analyse de ses pensées, émotions et comportements lui permet une compréhension de soi par rapport à ses capacités, forces, limites et réactions grâce à une introspection. La personne aime réfléchir, méditer et travailler seule comme Gandhi et le Dalaï-lama.

8-L'intelligence visuelle-spatiale : les choses sont comprises seulement si la personne peut s'en faire mentalement une représentation imagée. Un navigateur va s'orienter en visualisant des points de repères. Les gens aiment dessiner, faire des créations et des décorations, monter des vidéos ainsi que prendre des photos. Ils sont attirés par des réseaux et des systèmes. L'architecte Le Corbusier et le peintre Léonard de Vinci se retrouveraient dans cette catégorie.

9-L'intelligence existentielle ou spirituelle : le philosophe aime penser en profondeur et remettre en question les hypothèses touchant à l'existence en s'interrogeant sur l'origine et la destinée de toutes choses tels que Platon, Aristote, Socrate et Winston Churchill.

Je me permets de proposer une dixième forme d'intelligence :

10-Le syndrome d'Asperger : Des gens qui ont des valeurs et des convictions profondes avec une nouvelle façon de percevoir et d'interpréter le monde qui les entoure nous offrant une vision différente et tout aussi respectable d'appréhender l'existence tels que tous les artistes, scientifiques et savants qui se retrouvent dans la liste mentionnée si-haut.

Je suis une personne qui a de la difficulté à se définir, mais j'ai réussi quand même à faire cette analyse. Je suis intravertie, j'aime travailler seule, mais je ne suis pas capable d'analyser ce que je ressens à l'intérieur de moi. Si on me demande comment je vais; souvent je vais répondre « bien » par convention, culture et habitude, alors que je ne le sais même pas. Je suis toujours sur le neutre, peut-être à cause des médicaments stabilisateurs de l'humeur que je dois prendre; ou bien, je ne sais pas comment exprimer ce que je sens en moi avec des mots clairs et précis. Je pourrais être visuo-spatiale, car je suis une personne visuelle qui ne comprends pas à moins qu'on me fasse un dessin, et j'aime peindre. Je ne suis pas corporelle kinesthésique, car j'ai des troubles de coordination et le langage non verbal n'est pas mon fort; ni logico-mathématiques car je suis nulle en résolution de problèmes. Je serais un peu existentielle et spirituelle, car je crois en Dieu même si je ne pratique pas ma religion et j'aime m'interroger au sujet de l'existence terrestre. Je n'ai certainement pas l'intelligence interpersonnelle, car j'ai de la difficulté dans mes relations et je n'aime pas le travail en équipe même si je suis parfois obligée d'y participer. Je suis un peu naturaliste, car j'adore les plantes et les animaux et je suis défenderesse des causes touchant à la protection de l'environnement. Je n'ai pas le sens du rythme même si j'aime chanter et jouer un instrument; alors on oublie l'intelligence musicale en ce qui me concerne même si je suis capable d'apprendre par cœur des mélodies parce que certaines rejouent constamment dans ma tête comme un disque de vinyle qui saute. Mais en retour, l'intelligence linguistique verbale me colle à merveille, car j'ai une grande facilité à m'exprimer avec des mots surtout par écrit et j'aime parler devant un groupe de personnes, mais sans interaction.

En conclusion, j'ai donc l'intelligence Asperger en général, et au second degré se retrouvent l'intelligence linguistique verbale et visuo-spatiale au même niveau, suivi par le naturalisme et le spirituel. Qu'en est-il vous concernant? Où vous situeriez-vous?

DEPUIS QUAND SUIS-JE AUTISTE?

Voilà la question. Est-ce inné ou acquis? Est-ce que je l'ai toujours été sans le savoir? Suis-je venue au monde avec ce syndrome ou l'aurais-je développé? Afin de trouver la réponse à toutes ces questions, j'ai dû faire un grand saut en arrière. Alors j'ai analysé mon passé le plus loin dont je puisse me souvenir en comparant certaines attitudes avec ce qui pourrait ressembler à des traits Asperger ou non.

Bon, tout d'abord, j'ai été séparée de ma mère biologique par adoption. Certaines personnes autistes ont perdu un proche lorsqu'il était jeune. Elles en seraient restées marquées, car elles auraient trouvé la séparation traumatisante. Pendant longtemps, on a attribué le manque affectif comme en étant la cause; ce pourquoi, on a accusé les mères d'enfant autiste de ne pas être capables de bien aimer leur enfant et de lui donner l'affection dont il a besoin. Encore là, ce fut des préjugés basés sur une croyance populaire. En est-il encore de même aujourd'hui? Non! Même si l'un des parents est Asperger (qu'il soit ou non au courant de son état) et même si on ressent et exprime l'amour différemment; cela ne fait pour autant des enfants autistes. Même des parents dont ni l'un ni l'autre est Asperger ou autiste peuvent avoir un enfant autiste ou Asperger, alors qu'ils aiment et qu'ils donnent beaucoup d'amour à leur enfant.

Est-ce que ma mère a été en contact avec des produits chimiques mutagènes lorsqu'elle était enceinte de moi? Serait-ce lors de mon développement intra-utérin que mon cerveau se serait branché autrement? Aurais-je été en contact avec des matières toxiques lors de la maturation de mon cerveau lors de mon jeune âge? Par exemple, on sait que des pesticides nuiraient au système nerveux. Des impacts environnementaux pourraient déclencher une vulnérabilité génétique prédisposée. J'ai grandi sur une ferme où on vivait surtout des produits de la terre. On ne faisait pas de cultures à grand déploiement, mais de l'élevage. Les seules produits chimiques dont je me souviens avoir été en contact mis à part ceux reliés à l'hygiène personnel et aux nettoyages domestiques sont les insecticides contre les puces et poux des animaux, les insecticides à choux et à patates; de même que la poudre que mon père mettaient sur les patates lors de leurs entreposages pour les empêcher de germer. Plusieurs pesticides contiennent des métaux lourds toxiques. On vivait dans une vieille maison à tuyauterie et à peinture au plomb. C'était l'époque aussi de l'essence au plomb, et je conduisais souvent des tracteurs; alors je respirais directement les gaz du tuyau d'échappement. Je prenais des inhalations de pétrole soit des bidons ou du bec de la pompe, car je trouvais que ça sentait bon. Si des Inuits endorment leur enfant à l'essence et que ceux-ci demeurent par la suite avec des séquelles neurologiques, en avait-il été ainsi avec moi?

J'ai bégayé pendant longtemps et j'avais de la misère à prononcer certains mots : jusqu'à l'âge de 5 ans, mes « R »ressemblaient à des « L ». J'avais donc un problème au niveau du développement du langage et la motricité. Ma mère adoptive me tapait pour corriger mes erreurs de prononciation. Dans ce temps, il n'y avait pas d'orthophoniste et ça faisait la job quand même, comme on pourrait dire. J'avais aussi un problème de déglutition. Était-ce de la dysphasie? Je ne mangeais pas assez vite selon ma mère adoptive qui me corrigeait aussi physiquement. Je n'arrivais pas à avaler : il fallait remastiquer et remastiquer mes bouchées pour que ça devienne presque liquide; alors la deuxième ou la troisième tentative fonctionnait. Je mangeais des volées parce qu'elle voulait avoir le temps de laver la vaisselle afin de pouvoir regarder ensuite son émission préférée à la télé. J'ai vécu dans la peur. C'est normal que maintenant je veule me protéger.

Elle me chicanait souvent et je pouvais très bien reconnaître quand elle était fâchée; sauf que lorsqu'elle criait, je ne comprenais pas un seul mot de ce qu'elle disait, car j'étais concentrée sur son émotion et ne voyais que celle-ci. Je ne pouvais pas me concentrer sur plusieurs choses en même temps; ça faisait trop d'informations à gérer pour mon cerveau. Je ne savais jamais à quoi m'attendre avec elle. Ses sautes d'humeur étaient si fréquentes que j'ai fini par m'y habituer. Je ne comprenais pas les raisons de ses colères ni ce qu'elle voulait vraiment. Elle croyait que je n'entendais pas bien, alors j'avais le droit à des nettoyages d'oreilles au cure-dents et Dieu sait que ça faisait mal; j'en ai fait des otites à répétitions. Ce n'était pas le fait que je ne l'écoutais pas, je devais avoir à ce moment là aussi de la difficulté à traiter l'information et je devais également avoir des troubles de mémoire à court terme. Je croyais toujours me faire battre pour rien, alors qu'elle n'était pas au courant de mon handicap neurologique s'il était réellement présent à cette époque. Elle prétendait que j'étais douillette, car j'avais toujours mal à quelque part; ce n'était pas psychosomatique et je ne faisais pas exprès pour attirer l'attention. J'étais plus sensible que les autres à la douleur; plus loin, je parle des hyper et hypo-sensibilités sensorielles chez les personnes autistes.

J'étais toujours fatiguée et je manquais d'entrain, comme si j'avais de la difficulté à absorber le fer. J'avais le teint pâle aussi, avec des cernes noirs en dessous des yeux. Il se pourrait que j'aie été céliaque (intolérante au gluten) déjà à cette époque. Je me souviens que j'avais toujours mal au ventre, et à la longue, j'ai fini par m'y habituer trouvant cela normal. Je n'osais pas me plaindre. J'avais reçu tous les vaccins de l'époque. Je crois que, dans le temps, il y en avait que 4. Après avoir reçu des antibiotiques pour une pneumonie, je suis devenue une véritable bibitte à sucre. Je pouvais vider le pot de miel, de beurre de sucre et celui des tartinades de noix et cacao à la petite cuillère. Je prenais aussi plusieurs cuillerées à thé du sucrier. Je devais sans doute souffrir d'une dysbiose (un débalancement de la flore intestinale).

Je n'ai pas eu beaucoup d'amis et je me tenais toujours avec la même personne que je considérais comme ma meilleure amie et qui était souvent rejet elle aussi, bien que celle-ci pouvait changer avec le temps et les années. Je ne comprenais pas pourquoi les autres avaient plusieurs amies; alors que pour moi, une me suffisait et c'était déjà assez difficile comme ça d'en avoir une. Dans la cour de récréation, je n'aimais pas jouer avec les autres et je ne m'imposais pas dans un groupe. Je les regardais faire. J'attendais souvent qu'on vienne me proposer de jouer avec elles. J'avais tellement peur de me faire refuser que je ne faisais jamais les premiers pas. De toute façon, j'avais souvent mal au ventre et quand ça m'arrivait, c'est normal que je n'avais pas le goût de jouer. Je me pliais parfois en deux pour essayer de me soulager et de trouver du confort. L'intolérance aux produits laitiers crée aussi les mêmes malaises. J'avais des problèmes gastro-intestinaux, car j'avais parfois des reflux gastriques et je faisais des indigestions jusqu'à des vomissements. J'avais des intolérances alimentaires non connues à l'époque.

Je voulais communiquer et interagir avec les autres, mais je ne savais pas comment m'y prendre; je me trouvais maladroite. Je détestais les jeux de société que je trouvais inutiles et ennuyants parce qu'ils ne m'apprenaient rien. J'ai toujours préféré lire des livres dans lesquels je pouvais m'instruire que de lire des histoires et des romans qui ne me rapportaient rien sur le plan des connaissances et qui me faisaient perdre mon temps. Le fait que je vivais de la cruauté physique et mentale à la maison, je percevais les gens comme étant tout aussi méchants que mes parents et je me méfiais de tout le monde. Cette attitude serait normale à quelque part. Le retrait et le repli sur soi est une forme d'autodéfense qui s'est incrustée en moi; il ne s'agirait pas nécessairement de trait autistique, car tout le monde réagirait de la même façon. Suis-je vraiment autiste ou victime d'un choc post-traumatique?

Ayant été élevée par des européens immigrants, et sur une ferme, j'étais déjà considérée comme étant différente et j'étais sujette au rejet et aux taquineries. Nous étions les seuls dans la région à élever des moutons et cela faisait de nous des personnes à part comme s'il y avait quelque chose de bizarre dans cet animal ☺. Donc, j'étais souvent le souffre-douleur ou le bouc émissaire. Je me suis toujours sentie différente et à part des autres et j'ai été victime d'intimidation. Je ne répliquais pas et je ne me défendais pas. J'étais souvent le mouton noir ou le vilain petit canard. Si je me tenais à l'écart des autres, c'est parce qu'ils m'agaçaient et me maltraitaient. L'éloignement était une façon pour moi de me protéger. J'aurai été bien niaiseuse d'aller me jeter dans la gueule des loups. Le repli sur soi, était une manière de me mettre à l'abri comme une tortue qui rentre dans sa carapace pour se mettre à l'abri d'un danger. Je trouvais le monde cruel et méchant.

J'avais un trouble de coordination souvent présent chez les personnes Asperger. Lorsque je courais, je m'enfargeais régulièrement dans mes pieds et je m'écorchais toujours le même genou en tombant. J'en porte encore les cicatrices. Aux sports, j'étais souvent la dernière choisie pour faire partie d'une équipe : je n'arrivais pas à attraper le ballon, à y donner des coups de pieds; la balle que je lançais n'allait jamais dans la direction visée et je n'arrivais pas souvent à la toucher avec le bâton. Il y avait un décalage entre la prise de décision et le geste. Dans un tournoi de balle molle au primaire, je me souviens même avoir fait perdre mon équipe aux finales et que j'en étais toute honteuse. Je n'ai plus jamais voulu rejouer au baseball.

Je ne courais peut-être pas très vite, j'étais toujours celle qui avait la « tag » et qui la conservais le plus longtemps, mais j'avais plus d'endurance que les autres; je pouvais donc courir plus longtemps; et j'avais gagné la première place de toute l'école dans un marathon. Cependant, on riait de moi parce qu'on trouvait que je marchais parfois comme un pingouin; un autre trait commun au syndrome : celui d'avoir une démarche particulière. De plus, j'étais celle qui tournait le plus souvent et le plus longtemps la corde à danser, car je m'accrochais toujours dans la corde en sautant. Je préférais alors jouer seule.

J'ai reçu des coups à la tête, car j'ai été élevée d'une manière assez sadique. Vous n'aimerez pas cette exemple, car il est assez frappant dans le sens complet du terme : lorsque moi et mon frère, nous nous chicanions, notre mère adoptive nous prenait par les cheveux et nous cognait la tête ensemble après avoir pris un grand élan sous prétexte que cette manière de faire allait nous accorder et nous permettre de faire la paix. Je me souviens d'une fois où elle ne nous avait pas manqués : ça avait cogné si fort que j'en avais vu des étincelles; j'étais demeurée sonnée pas à peu près. Est-ce assez pour avoir eu des dommages au cerveau dans le lobe frontal? Je suis déjà tombée à l'arrière de ma tête sur une roche avec le poids d'une autre personne par-dessus moi, car celle-ci essayant de me soulever, avait perdu l'équilibre; ce qui avait nécessité des points de sutures d'urgence puisque j'étais fendue. Est-ce que cet accident a pu me causer des lésions au cervelet? Dans les deux cas, on pourrait les qualifier d'impacts environnementaux. J'ai déjà eu un accident de motoneige où ma tête était demeurée coincée sous un traîneau qui suivait et à laquelle il était attaché, et tirée ainsi sur une longue distance. Est-ce assez pour m'avoir causé des problèmes neurologiques? J'ai eu la peau du visage éraflée et je suis demeurée avec une fragilité cervicale.

À la table, j'avais de la misère à me tenir droite comme si je manquais de tonus musculaire ; une autre particularité chez les Asperger. Pour se faire, ma mère adoptive m'attachait sur la chaise comme on ligoterait un rôti de porc et elle me coinçait contre la table à en avoir le souffle coupée. Elle pointait ensuite le bout d'un couteau pointu au milieu de ma colonne vertébrale et parfois en dessous de mon menton, aussi, afin que je me redresse. Elle avait sans doute de graves problèmes mentaux pour agir de la sorte, elle était folle, certes, mais...enfin! J'en ai souffert quand même. En tout cas, elle n'a pas eu à utiliser cette technique longtemps, car j'ai vite appris. Je suis demeurée avec une fragilité au milieu du dos avec des douleurs lombaires que je dois soigner par des visites occasionnelles chez une chiropraticienne. Je suis certaine être devenue victime d'un syndrome post-traumatique qu'il ne faut pas mélanger avec les traits autistiques. En plus, mon père m'a agressée sexuellement à deux reprises entre 10 et 12 ans. J'ai vécu mon enfance dans la peur et dans la honte. Cela aurait-il développé chez moi mon côté intraverti et un peu parano? Je ne comprends pas pourquoi, dans les années 60, on permettait à presque n'importe qui d'adopter des enfants. Aujourd'hui, ils font passer des évaluations psychiatriques aux gens, mais ça ne se faisait pas dans le temps. J'ai l'impression d'avoir été jetée comme un déchet pour faire de la place à l'orphelinat. Je suis une victime de la société.

Je m'automutilais à l'occasion par «nervosité»; j'arrachais les peaux sèches de mes lèvres avec mes doigts ou mes dents jusqu'au sang. Je nettoyais aussi mon nez jusqu'à ce qu'il saigne. J'avais donc des troubles obsessifs compulsifs. En plus j'avais la mauvaise habitude de ronger mes ongles et de mâchouiller mes cheveux.

Notre mode de vie sur la ferme m'a obligée à devenir autonome et responsable rapidement, car ça m'était imposé à cause du nombre de travaux qu'il y avait à faire. Dans le fond, nos parents nous avaient adopté moi et mon frère parce qu'ils avaient besoin de main d'œuvre : nous avons donc travaillé et été traités comme des esclaves, ou presque. À l'âge de 5 ans, j'ai appris à conduire un tracteur; et dès l'âge de 10 ans, je faisais tout autant dans la maison, dans la grange, dans les champs et le jardin. Je travaillais tellement que je devais parfois me lever au milieu de la nuit pour faire mes devoirs. Chez moi, je ne faisais jamais rien de correct, j'étais toujours critiquée. Aujourd'hui je ne supporte plus les reproches, j'en ai eu assez!!! De l'inadéquation, je n'en veux plus!!! Et pour cause. Je ne désire plus avoir du négatif dans ma vie, j'en suis saturée.

Je pouvais me mettre à faire de drôles de collections telles qu'avec des tubes de dentifrice vides, et des excréments d'animaux; je pouvais reconnaître un animal par ses matières fécales. Je gardais mes ongles dans une petite boîte quand je les coupais. J'aimais tellement les animaux, qu'un jour, nous avions, moi et mon frère, changé les poissons de place en les sortant d'une eau boueuse et polluée, par des produits chimiques déversés par une compagnie avoisinante, pour les transporter à bicyclette dans des seaux d'eau propre jusqu'à un cours d'eau plus viable.

Lorsque ma mère adoptive me coiffait, c'était très pénible, j'étais très sensible du cuir chevelu et elle me disait tout le temps : « Il faut souffrir pour être belle! » J'avais mal aux cheveux. Elle m'avait même déjà brûlé le fond de la tête avec le fer à friser. Je comprends maintenant pourquoi les enfants autistes n'aiment pas aller chez la coiffeuse.

Je faisais beaucoup de fautes en dictée que parfois, je devais tricher pour ne pas me faire disputer, encore et encore. Je ne me souviens pas avoir eu la chance de rire ni de m'amuser dans ma jeunesse comme si la joie et le bonheur n'était pas chose permise. Quand les choses allaient mal, je pensais déjà au suicide comme seule porte de sortie, car je souffrais déjà beaucoup. Les efforts que je faisais n'étaient jamais appréciés. J'avais déjà voulu sauter en bas du tracteur devant la grosse roue ou devant un camion qui passait lorsqu'on attendait l'autobus scolaire sur le bord de la route : la seule chose qui me retenait était la peur de mourir ou de souffrir davantage et je ne voulais pas faire de la peine à mon frère; je ne voulais pas l'abandonner. Je croyais qu'il avait besoin de moi pour réussir à passer à travers toutes ces épreuves.

Je ne suis pas une personne logique normalement, mais j'étais capable d'analyse. Je me souviens avoir impressionné mon enseignant en sixième année quand je lui ai expliqué la signification du mot « Inuits » qu'il avait demandé: « I » pour indiens; donc « indiens de nuit » = esquimaux, puisqu'ils vivent la moitié de l'année à la noirceur. Je participais beaucoup en classe, j'aimais lever ma main pour répondre aux questions; je connaissais pratiquement toutes les réponses. J'étais la meilleure en sciences naturelles, mais le prix pour cette matière m'avait glissé des doigts, car ce démagogue m'avait enlevé 10 points à un examen parce que j'avais oublié d'écrire mon nom, afin de faire gagner une autre élève, celle qui gardait ses enfants. Des injustices, dans ma vie, j'en ai vécues plusieurs.

Dans un club d'arts ménagers, j'avais confectionné une jupe sans patron juste en regardant comment une autre jupe était faite. À cause de cela, je n'avais pas eu le droit à ma cuillère en argent comme les autres qui, elles, avaient suivi un patron, et je ne trouvais pas cela juste étant donné que ma jupe était même plus belle que la leur. Que le patron soit fait en papier ou en tissu, quelle est la différence? Le cheminement pour se rendre à un résultat était donc plus important que le résultat final lui-même alors qu'il y a plusieurs chemins pour se rendre à Rome. Je supportais mal l'injustice et les échecs, car je perdais vite l'estime de moi et mon amour propre : trait fragile chez les personne comme moi. J'ai toujours eu de la difficulté à comprendre le monde dans lequel je vis.

J'étais très expressive et j'avais une bonne mémoire (à moyen et à long terme); j'apprenais des poèmes par cœur et j'étais choisie souvent pour représenter ma classe à des spectacles d'école en tant que monologuiste ou comédienne dans une mini pièce de théâtre. Je faisais partie de la chorale de l'école et celle de l'église où j'étais aussi parfois la liseuse de parties de textes de la bible lors des messes. J'étais très bonne en lecture et je m'exprimais bien, mais avec des idées déjà existantes.

J'étais capable de travailler aussi bien seule qu'en équipe, là où mes idées étaient souvent bien reçues et choisies, car je ne manquais pas d'imagination. Cependant j'avais de la difficulté à accepter les propositions des autres. J'étais souvent celle qui décidait. Le travail en équipe était plus facile et possible si j'étais le chef du groupe. J'étais parmi les meilleurs de la classe : environ la troisième chez les filles. J'étais très disciplinée, obéissante et travaillante; je sentais que les enseignantes m'aimaient bien. À la fin de mon primaire, j'ai reçu le trophée pour le meilleur effort individuel chez les filles. J'aimais imiter : faire semblant de jouer au professeur. J'adorais sentir l'encre des feuilles de papiers fraîchement imprimées.

Je ne me sentais pas à l'aise quand on devait coller les bureaux de nos camarades de classes les uns à côté des autres; je n'aime pas la présence de quelqu'un à côté de moi qui entre dans mon espace vital. Je n'aimais pas non plus quand on était assis en rond tout autour de la classe, car je n'aimais pas croiser le regard des autres; comme si je n'aimais pas les contacts visuels et je préférais les éviter. Je n'ai jamais aimé être obligée de m'asseoir avec quelqu'un dans l'autobus que pour éviter le contact et la conversation, je regardais par la fenêtre tout le temps. Et lors des sorties éducatives, je me tenais plus avec mon professeur qu'avec les enfants de mon âge que je ne trouvais pas aussi intéressants. Je n'avais aucun point en commun avec eux. On me trouvait aussi plus mature que les autres enfants de mon âge.

Lorsque nous avions été en Europe, ma famille et moi, je n'avais pas eu de difficulté à opter pour les autres accents que j'imitais avec facilité dès les premiers moments. J'ai toujours l'impression de parler avec un accent différent des gens de ma région; ce qui serait un autre symptôme : avoir une manière particulière de m'exprimer verbalement.

Étant donné les mauvais traitements reçus dans mon enfance, j'avais tendance à m'évader dans mon imaginaire en m'inventant des scénarios représentant un monde meilleur. Je ne me souviens plus si j'avais eu un ami imaginaire à cette époque, mais je me rappelle bien m'être créé des meilleurs parents à partir des personnages principaux des téléséries qu'on écoutait et je m'inventais des histoires. Cela se produisait surtout lorsque je me couchais le soir avant de m'endormir. Je faisais ma prière à tous les soirs; et ce, depuis que j'ai appris à prier : il y avait quelque chose de réconfortant et de sécurisant dans le fait de croire qu'un être suprême pouvait m'aider à passer à travers ce que je vivais. Parler à un Dieu, est-ce avoir un ami imaginaire? Aujourd'hui je me rends compte que je fais encore la même chose : je m'invente des histoires dans ma tête et je converse parfois avec des personnages imaginaires que j'arrive même à projeter hors de moi, comme si je vivais dans un monde en parallèle, un univers meilleur dans lequel je peux m'évader pour fuir la réalité que je ne trouve pas toujours bonne ou agréable. Je m'aperçois parler à voix haute, mais rarement. Il me semble que je ne dois pas être la seule à rêver les yeux ouverts. Une chance que je ne suis pas toujours dans mon propre monde, car on pourrait dire de moi que je suis complètement autiste. Parfois, j'ai l'impression aussi d'être à l'extérieur de mon corps ou que mon cerveau et mon corps sont deux entités à part.

Chaque enfant Asperger est différent et ne présente pas nécessairement toutes les mêmes caractéristiques ni à la même intensité; il présente des variations, des nuances. Il y aurait autant de formes d'autisme qu'il y a de personnes autistes. Les symptômes sont souvent identifiés à d'autres troubles qui y ressemblent, sauf que chez moi, aucun intervenant scolaire n'a remarqué quoi que ce soit de louche. C'est vrai que l'autisme était mal connu à l'époque. Est-ce que j'aurai réussi à jouer mon rôle tellement bien par imitation que je serais passée inaperçue et que j'aurai coulé entre les mailles du filet? J'ignorais que je pouvais être une aussi bonne comédienne.

Quand nous avons voulu, plusieurs années plus tard, quitter la maison lorsque nous approchions nos 18 ans; mon père adoptif m'avait dit, à moi seule, quelque chose que je suis loin d'oublier : « Avoir su que vous arrêteriez de nous aider un jour, on aurait adopté des « handicapés », comme ça, ils seraient restés avec nous ». (S'il avait su!) ☺

En ce qui a trait à ma période d'adolescence, bien des caractéristiques ont changé : certaines sont disparues, d'autres ont pris de l'amplitude ou ont régressé; alors que d'autres sont restées les mêmes, mais très peu.

Quand je suis arrivée au secondaire, je préférais me construire de nouvelles amitiés que de continuer d'alimenter celles du primaire; croyant que mes anciennes amies ne voudraient plus de moi, j'ai pratiqué moi-même l'exclusion afin de ne pas me sentir rejetée. Ce n'était pas de la paranoïa. Ayant de la misère à ressentir l'amour des autres, je croyais que tous les gens ne m'aimaient pas; alors je m'éloignais d'eux. Cela est demeuré même à l'âge adulte.

Je n'étais pas celle qui suivait la mode. Je ne portais pas de jeans comme les autres, car nous étions trop pauvres pour en acheter. Quand j'ai réussi à m'en procurer une paire, elle était trop grande et pour que ce pantalon inconfortable en tissu rigide qui frotte la peau tienne, un mini câble me servait de ceinture, mais je n'étais pas à l'aise. Il y avait quelque chose de pas confortable à faire comme les autres. Le linge nous était souvent donné; ou bien, j'allais fouiller dans le dépotoir municipal situé en arrière de notre terrain. Je n'en revenais pas de constater que les gens pouvaient jeter des choses encore bonnes.

Je jouais de la flûte traversière et je faisais aussi partie de la fanfare de mon école secondaire, ma mère adoptive m'avait déjà donné un coup sur la tête avec cet instrument, car elle ne pouvait plus endurer m'entendre pratiquer au lieu de me demander tout simplement de cesser. Je jouais dans une troupe de théâtre et j'étais membre du conseil étudiant. Je faisais aussi de la danse (ballet jazz) dans une troupe de spectacle de variétés. J'ai remporté des concours de talents, dont le titre de « Mlle Cordialité » dans un concours de personnalité. Je suis entrée aussi deuxième duchesse dans un carnaval suite à un concours de talents et de vente de billets. J'ai toujours aimé faire rire mon public. J'étais très bonne dans les discours et, dans un concours d'art oratoire, j'ai représenté mon école secondaire jusqu'au régional où je suis arrivée deuxième.

À une soirée de remise des prix de fin d'année, on se moquait de moi, car je portais une robe rose fleurie avec un manteau de cuir noir. Était-ce par jalousie qu'on tentait de m'intimider ainsi? Je m'étais sentie si humiliée que la valeur et la fierté de mon trophée n'avait plus d'importance; la victoire et la fierté n'étaient qu'éphémère; des particules de poussière qui s'envolaient au loin.

Je frisais quand même mes cheveux, à tous les matins, à la Farrah Fawcett qui était la mode dans le temps. J'étais très féminine par mes tenues vestimentaires et mon maniérisme, mais je ne me suis pas rendu compte à cette époque que j'étais belle, j'étais trop complexée. Lorsqu'un garçon venait me parler, je rougissais facilement; j'étais timide dans le privé, mais à l'aise sur scène. J'avais quand même un petit côté paranoïaque, car je pensais souvent que les autres riaient de moi et parlaient constamment derrière mon dos. C'est la raison pour laquelle j'ai eu de la misère à me faire des amis. J'ignorais à l'époque que j'avais une déficience au niveau de la lecture du langage non-verbal. Mais en étais-je atteinte vraiment à l'époque? Ou était-ce la réalité?

À l'adolescence aussi j'ai pensé à m'enlever la vie, car je ne me sentais pas bien dans ma peau. Une fois, je suis descendue dans la cave avec un couteau voulant m'ouvrir les veines des poignets, car ma mère adoptive ne voulait pas que je sorte avec mes amis la fin de semaine; alors que mon frère pouvait le faire, lui; une autre injustice. Tout ça parce que j'étais une jeune fille et qu'elle avait une peur bleue que je tombe enceinte. À un moment donné, j'avais confié à une copine de laboratoire dans mon cours de sciences que je cherchais quelqu'un qui m'aiderait à mourir. Elle m'avait invitée chez elle un soir de la semaine; nous avions bu de la bière et nous avons fait la fête. C'est alors que j'ai attribué l'ivresse à un état morbide.

Plus tard quand j'étais un peu plus vieille lorsqu'on allait dans une discothèque avec nos amis mon frère et moi, je préférais danser seule ou avec une autre personne à qui j'aimais tourner le dos de temps en temps, plus souvent que d'habitude. J'avais horreur de danser en groupe qui formait un rond, car j'avais peur d'être choisie pour aller danser au centre, mais quand cela m'arrivait, je performais assez bien, car j'aimais danser même si je me pilais sur les pieds, sauf que je faisais tout mon possible pour ne pas y demeurer longtemps.

Je suis l'une des personnes les plus fidèles en amitié comme en amour. J'ai remarqué les garçons ou j'ai réussi à attirer leur attention peut-être un an ou deux plus tard que mes amies, peut-être à cause de ma timidité, mais je n'ai pas eu de difficulté à me faire un copain et à le garder, aussi je n'ai jamais eu de problème d'ordre sexuel. Je n'ai pas eu de crise d'identité à ce niveau et je m'identifiais très bien à mon genre. Je suis capable d'établir des relations à long terme. À 17 ans, j'ai sorti pendant 9 mois avec le même gars que j'ai laissé tomber après nos fiançailles.

Mes notes, lors de mon passage du primaire au secondaire, ont augmenté au lieu de diminuer comme dans la majeure partie des cas, car j'étais très attentive en classe et très studieuse, sauf la dernière année où j'ai changé d'école, car je voulais faire du théâtre. Mes parents n'auraient jamais dû m'accorder ce changement, parce que j'ai eu de la misère à m'adapter sûrement parce qu'à ce nouvel endroit, j'ai été victime d'harcèlement sexuel, non pas par les autres élèves, mais par des membres du personnel dont un enseignant, le surveillant et le conseiller en orientation. C'était en Ontario. Cela m'avait beaucoup perturbée; je ne trouvais pas cela normal ni correct. Mes notes sont descendues de 80 % à 55 %. Une chance que, dans le temps, la note de passage était de 50 %. J'avais besoin d'une bonne moyenne pour obtenir une bourse d'études basée sur le rendement scolaire. J'en avais parlé à mes parents, et ils n'avaient rien fait pour m'aider. À cette époque, il fallait garder le silence concernant ces choses-là; mais moi, je n'étais pas d'accord, j'avais la faveur de mes convictions; alors j'avais envoyé une lettre directement au ministère de l'Éducation de cette province pour dénoncer ces faits; les contrevenants s'en sont tirés avec seulement un avertissement et des menaces de perdre leur emploi si ça se reproduisait. Les Asperger sont fervents de vérité et nous avons tendance à vouloir dénoncer toute forme d'injustice. Je ne comprends pas pourquoi ils y ont échappé bel; alors que j'avais des camarades de classe, qui malheureusement se sont laissées prendre par leurs manigances à nous faire croire que les jeunes filles ont besoin de vivre des expériences avec des hommes matures afin de devenir de véritables femmes qui seront par la suite plus désirées par les garçons de leur âge. Belle arnaque! Mais combien ont mordu à l'hameçon? Pourtant une formation en rapports sexuels ne faisait même pas partie des cours optionnels. Il faut croire que j'ai été moins stupides que les autres.

Donc, je trouve que mon adolescence s'est quand même développée normalement mise à part ces quelques petits incidents: j'avais « des » amies et un copain, et je participais à des activités parascolaires artistiques plus que sportives. Les Asperger seraient plus attirés par les arts que par les sports à cause de nos troubles de coordination et nos talents en créativité.

J'avais de la misère à me définir et à savoir ce que je voulais faire dans la vie. À la fin de mon adolescence, entre 17 et 18 ans, j'ai voulu devenir religieuse; alors je suis entrée dans une organisation où j'avais été enseigner la religion chez les Inuits dans ce qu'on appelait à l'époque Les Territoires du Nord Ouest sur la ligne du cercle article, plus précisément à Repulse Bay. J'avais beaucoup apprécié leur culture. J'aimais leur façon de vivre basée sur l'entraide, la générosité et le partage. Là bas, tous les parents s'occupent des enfants des autres et il ne fallait pas cogner à la porte pour entrer, car on ne nous ouvrait pas : si on voulait entrer, on n'avait qu'à le faire. Tout le monde était le bienvenu et pouvait entrer chez les autres sans leur consentement. Personne ne barrait les portes. Un voisin pouvait très bien aller se servir dans le frigo de l'autre et plus tard, il remplaçait ce qu'il avait pris. Quand quelqu'un revenait avec du gibier de sa chasse ou avec une baleine ou un phoque de sa pêche, il le partageait avec tous les gens du village. J'avais trouvé cela dommage que les hommes blancs soient venus les contaminer avec leurs produits industriels et la nouvelle technologie. J'aurai aimé continuer mon existence là-bas, mais ce qui m'a fait décrocher, c'est quand j'ai senti qu'on voulait absolument me convertir sans me laisser le temps d'y réfléchir et d'y parvenir à mon propre rythme en me faisant subir une sorte de lavage du cerveau. Encore de l'imposition. Je ne voulais pas devenir comme une de ces sadiques qui voyait Dieu partout.

Mon passage de post-adolescente à jeune adulte ne fut pas sans tourments. J'avais très hâte de partir de chez moi. Avec tout ce que je savais faire, j'ai vite appris à me débrouiller toute seule. Au collège à Ottawa, tout était devenu moins facile. Je quittais la campagne pour la grande ville. Je me sentais encore plus différente des autres, je ne les trouvais pas normaux, j'avais l'impression qu'ils venaient d'une autre planète ou que je n'étais pas à ma place. J'avais même osé demander à un enseignant s'il n'était pas un extraterrestre. ☺

J'étais portée à idéaliser les gens et à les mettre sur un pied d'estrade. Je suis tombée rapidement en amour avec un beau grand jeune homme juste parce qu'il me donnait un peu d'attention. Je croyais qu'il était intéressé à moi et je m'étais emballée trop rapidement. J'étais naïve. J'ai souvent eu de la difficulté à exprimer mes émotions. Ma peine d'amour fut si difficile à surmonter que j'ai eu des échecs dans tous mes cours et j'ai fini à l'hôpital avec une tentative de suicide : j'avais essayé de m'ouvrir les veines du poignet gauche, j'en ai encore les cicatrices et j'avais pris une bouteille complète d'Aspirine. Je suis celle qui a appelé l'ambulance, car j'avais soudainement eu peur de mourir, mais je trouvais la vie si pénible et misérable. Cela m'avait pris plusieurs années juste pour m'en remettre. Il paraît que chez les Asperger, les peines d'amour sont plus profondes, difficiles à surmonter et durent plus longtemps. Vivre le rejet et les échecs est plus dur pour nous qu'une personne neurotypique qui arrive plus facilement à passer à autre chose. Les expériences demeurent imprégnées en nous.

Je ne suis jamais arrivée en retard à un cours, car j'aurai trouvé cela trop impoli et irrespectueux d'entrer et de déranger tout le monde. De toute façon, ce n'était pas permis.

Quelque temps après, j'ai été victime d'une agression sexuelle (à 19 ans), car je n'avais pas senti le danger. J'ai été conçue à l'envers : je vois du mépris et de la haine dans des personnes ayant aucune malice, alors que je ne percevais pas la méchanceté chez les gens qui l'étaient vraiment. J'avais mal perçu l'intention de mes deux agresseurs ayant pris leur sourire pour une expression et une attitude gentille envers moi alors qu'il s'agissait d'une mesquinerie. Il n'y a pas deux sortes de sourire pour moi: un malveillant et un autre bienveillant, car je peux juste y donner une connotation positive. Il ne peut y avoir de double sens; s'il y en a un, je ne le vois pas. Donc, je décode mal le langage « non verbal » et je ne suis pas quelqu'un qui va s'exprimer beaucoup gestuellement ou avec mon langage corporel. J'ai tendance à figer et à pratiquer le mutisme, comme un chevreuil ébloui par les phares au milieu de la route. Ils marchaient vite vers moi; je n'avais pas perçu leur agressivité, je croyais qu'ils étaient juste pressés. Il paraît que les personnes autistes sont des proies faciles et qu'elles sont souvent victimes de viol à cause de cela. Nous sommes naïves aussi et nous avons tendance à embarquer dans de tristes situations et à se laisser manipuler. En passant, c'était deux policiers armés qui m'ont abandonnée et laissée pour morte dans un état lamentable après avoir essayé de m'étouffer, alors que j'avais juste perdu connaissance.

J'en avais fait une dépression, j'avais perdu ma dignité et je ne comprenais pas pourquoi cela m'était arrivé. Je suis restée 3 semaines enfermée dans mon appartement sans mettre une seule fois le pied à l'extérieur. La vie m'était si injuste. Ils se sont attaqués à une personne handicapée, bien que je l'ignorais que je l'étais à l'époque, si je l'étais déjà, mais sûrement. Je trouvais les gens autour de moi tellement méchants que je préférais, encore plus que tout, demeurer seule pour toujours, et je me suis renfermée davantage sur moi-même. Si on ne peut pas faire confiance à des policiers, à qui peut-on faire confiance? Je me croyais en sécurité alors que j'étais en danger (Dans un futur livre, je parle de toute cette histoire, mais j'attends les rapports des enquêteurs, car 30 ans plus tard, j'ai décidé enfin de les poursuivre. Et en passant, j'ai reçu une indemnisation financière pour les viols de mon père; j'ai été reconnue comme ayant été victime d'acte criminel. J'ai décidé de faire un ménage dans mon passé afin de me sentir mieux au présent). J'ai donc à ce moment- là déménagé le plus loin que je pouvais pour refaire ma vie. J'ai quitté Ottawa pour Montréal où j'ai repris mes études dans un autre domaine tout en me méfiant encore plus de tous les gens que je rencontrais. Je ne comprenais pas le monde dans lequel je vivais et je ne le comprends pas plus aujourd'hui. Comment est-ce les gens peuvent être aussi méchants et cruels envers des personnes qui ne leur ont rien fait de mal?

Les Asperger, lorsque nous sommes victimes d'intimidation et d'humiliation, nous ne savons pas comment nous défendre et nous nous laissons souvent manger la laine sur le dos et piler sur les pieds. Lorsqu'une émotion s'empare de nous, c'est comme si on arrivait plus à parler. Nous vivons beaucoup dans le désespoir et la détresse émotive. Nous avons moins de tolérance à la souffrance psychologique. Nous sommes tellement sensibles à la critique qu'une taquinerie peut être perçue comme une persécution : une blague peut être reçue comme une insulte. Une phrase désobligeante raisonne sans cesse dans notre tête; on n'arrive pas à s'en débarrasser. Tout est pris sur le plan personnel à un niveau de gravité supérieur que ce qu'il devrait être, et de ce qu'il est pour les autres. Les choses sont amplifiées. Nous nous sentons facilement dépassés par les événements. Prendre connaissance de notre différence nous rend très anxieux aussi. Nous paraissons plus matures que les autres dans notre façon de faire, de nous exprimer et de penser, mais nous avons des lacunes ailleurs. À la fin d'une journée, nous avons cependant besoin de temps pour récupérer et nous devons avoir un espace bien à nous où nous pouvons pratiquer une activité rassurante; ce qui n'est pas toujours possible, alors on devient saturé. Notre cerveau n'a pas de tiroir dans lequel il peut ranger tout le désordre. Nous avons souvent un trop plein d'informations à gérer. Les idées se bousculent dans notre tête.

Mes appartements, cependant, eux, étaient toujours bien rangés, mais je ne faisais pas souvent le ménage; les choses devaient être à leur place; ça compensait pour le désordre dans ma tête, sauf que la poussière ne me dérangeait pas; c'est comme si je ne la voyais pas. Les bruits des voisins m'agressaient tellement que j'ai déménagé souvent, au minimum, chaque année sinon plus après des chicanes où l'on se donnait des coups de manche à balai dans le mur ou le plafond; jusqu'à ce que je trouve un logement abordable et insonorisé.

Je ne gardais pas mes jobines longtemps : quelques jours, semaines ou mois. Je me tannais vite : rien ne me convenait. Je trouvais mon travail banal. Je savais que je pouvais faire beaucoup mieux que ça; il n'y avait rien de valorisant pour moi.

Lorsque le choix s'imposait dans mes études, je préférais faire des oraux au lieu des travaux écrits pour éviter de perdre des points à cause des fautes.

Je suis restée longtemps à l'école, car c'était, pour moi, le seul endroit où je me sentais aimée et en sécurité. Tout ce qui était en dehors des établissements scolaires me faisait peur; malgré les incidents de mon jeune temps, c'était l'endroit le moins dangereux : les enseignants ont toujours eu une figure parentale pour moi et c'est ce que je trouvais de réconfortant. C'est sans doute à cause de cela que je suis devenue enseignante; l'école à toujours été un peu comme mon refuge. J'avais besoin aussi d'une routine et d'un horaire fixe ainsi que d'un encadrement. J'étais aussi assoiffée de connaissances et d'apprentissages, mais aussi de reconnaissances. Je me cherchais moi-même et j'essayais de me définir. Je suis certaine qu'il doit y avoir beaucoup de personnes Asperger dans les universités; je rencontrais beaucoup de personnes solitaires.

Chacun de mes diplômes sont comme une carte d'identité pour moi; ils font partis de moi au point que je sais à l'avance que s'il y avait un incendie dans ma maison, que ce sont les seules articles que je sauverais en plus des vies humaines. Quand mon mari l'a su, il a été en faire des copies couleurs qu'il a rangées dans un coffre fort à l'étanche des flammes. Ils sont si importants que je les ai faits plastifier ou laminer et disposés en décoration sur mon mur de manière à ce qu'ils soient bien vus. Ils représentent une fierté que je n'arrive pas à ressentir au fond de moi. Je ne suis pas capable de parler de moi, alors c'est une façon que j'ai trouvée de m'exprimer. Être différente a sûrement quelque chose de particulier et d'honorable, mais je ne le ressens pas. Je suis unique au monde; et ça, c'est certain. Je ne serais jamais contente de mes accomplissements; c'est dommage, mais je suis ainsi faite.

¨ n général, je ne parle à personne sauf si on m'adresse la parole, je vais répondre. J'ai tellement eu d'échec dans mes tentatives d'approchement que je préfère garder mes distances sauf si une situation en particulier m'en imposerait le besoin tel qu'un état d'urgence. Je préfère rester seule à la maison à regarder un film que de sortir avec des amis. Je suis un peu dure à vivre et je ne suis pas très sociable; j'ai tellement horreur de l'hypocrisie de certaines personnes que je préfère me passer de leur compagnie.

Nous, les Asperger, avons de belles valeurs telles que la loyauté et la sincérité. Nous détestons le mensonge, car ça ne fait partie de la réalité et c'est une chose abstraite donc irréelle : alors ça ne fait pas de sens pour nous. Nous n'aimons pas les gens ni les conversations superficielles. Nous vivons dans un monde où nous trouvons que les gens ne frisent pas naturel et manque d'authenticité. Nous ne comprenons pas pourquoi autant de gens parlent pour ne rien dire. Nous acceptons les autres tels qu'ils sont et les écoutons quand même sans jugements; c'est l'une de nos particularités, ou qualités. Nous sommes très tolérants.

J'ai réalisé aussi avec le temps que je fais certaines choses de la main droite et d'autres de la main gauche. Il paraît qu'il y a beaucoup d'ambidextrie chez les personnes Asperger.

Pour l'instant, je n'ai rien remarqué chez mes enfants, mais ça ne veut pas dire que des traits ne sortiront pas plus tard comme ce fut le cas pour moi. Ils n'ont pas de tics gestuels ou vocaux comme moi et ils n'ont pas d'hypersensibilités sensorielles non plus. Ils s'adaptent facilement aux changements. Ils ont beaucoup plus d'amis que moi. Si jamais ils développaient des traits Asperger avec le temps, j'espère qu'ils prendront leur mère en exemple et qu'ils ne se serviront pas de cela comme excuse pour ne rien faire de leur vie. Cependant, eux, moi et leur père sommes tous les quatre intolérants au gluten et à la caséine. ¨ st-ce une coïncidence? Mon mari ne veut pas se faire évaluer, il croit être un neurotypique typique, bien que l'un de ses frères a eu un enfant autiste aussi et il y a des intolérances alimentaires envers des grains et céréales chez certains de ses frères. On croit que le père de mon mari a des traits Asperger. Mais pour moi, il s'agira toujours d'une prédisposition génétique qui doit être déclenchée par un impact environnemental. Lorsqu'on guéri d'un cancer, cela ne nous met pas à l'abri des autres formes de cancer. Il y aurait autant de formes d'autismes qu'il existe des sortes de cancer. Mes enfants ne sont pas à l'abri de la pollution sous toutes ses formes ni à l'abri d'un débalancement de la flore intestinale, ni d'intoxication quelconque. Ils devront être vigilants avec leur alimentation, les traitements médicaux ou pharmaceutiques, et leurs utilisations de produits chimiques.

Les chercheurs n'auraient pas trouvé de lésions au cerveau chez les personnes Asperger, sauf que certains d'entre eux ont découvert que les gens comme nous ne se servent pas des mêmes régions cérébrales pour accomplir les mêmes tâches qu'un neurotypique; ce qui fait en sorte que les actions et réactions sont différentes. Des génies présentaient une structure anormale du cerveau ; ce qui a été observé lors d'autopsies. Les régions les plus touchées sont celles relatives aux émotions, à la coordination et à la communication. Des parties du cerveau se seraient développés plus que d'autres. Y aurait-il deux sortes de cerveaux humains : les neurotypiques et les neuro-atypiques?

Si on remonte au temps de nos premiers ancêtres, il y avait deux grandes familles : les Neandertal et les Cro-Magnon; je crois, si je me souviens bien et ce qui les différenciaient le plus c'est la forme du crâne, donc leur cerveau se seraient développé autrement. Ils présentent aussi des versions différentes dans certains gênes. Les Neandertal étaient plus spirituels, car ils enterraient leurs morts avec des objets, alors que les Cro-Magnon étaient plus artistiques par la création de dessins dans les grottes. Les Neandertal construisaient des armes solides, car ils devaient pouvoir s'approcher le plus possible de l'animal sans qu'elles brisent à leur impact; alors que les Cro-Magnon construisaient des lances plus légères afin de pouvoir les lancer de loin et éviter ainsi de se faire piétiner par leur proie. Il y aurait donc deux sortes de structures cérébrales : les neurotypiques et les neuro-atypiques. Serait-ce possible? Mais lequel est lequel? Étant donné que l'une des espèces aurait été presque entièrement exterminée suite à des éruptions volcaniques, est-ce que les survivants, en petits groupes seraient les ancêtres des autistes d'aujourd'hui? Dans les deux cas, il y aurait eu un développement neurologique différent. Donc, qui dit vrai et qui a raison? Ce qui est normal pour un est bizarre pour l'autre et vise versa. Bien que ceci ne demeure qu'une théorie parmi tant d'autres, elle peut avoir du sens si on y pense bien. Leur alimentation différente a certainement dû avoir un impact au niveau du développement de leur cerveau tout comme leur environnement. Les uns se nourrissaient surtout de viande rouge, de fruits et de grains, alors que les autres mangeaient beaucoup de poissons et des végétaux par les racines. D'après des études, les bons gras animal auraient contribué au développement du cerveau. Il y a également, dans l'environnement, des agents mutagènes et ils habitaient certes des régions différentes. Aussi, les neurotypiques seraient plus nombreux sur Terre, car ils auraient mieux survécu étant donné qu'ils étaient plus capables de déceler les véritables dangers, et qu'aujourd'hui, avec les moyens de transport, les neuro-atypiques se sont reproduits et pris de l'ampleur; c'est mon hypothèse.

Une altération dans les connexions neuronales accélère ou ralentit la maturation du cerveau. Une malformation au cerveau suite à un impact environnemental quelconque provoque des différences neurologiques, mais c'est cette malformation qui contribue à donner une intelligence supérieure en échange à des difficultés émotionnelles et relationnelles. Certaines mutations découleraient d'un traumatisme. Il y en avait aussi dans le temps, car nos ancêtres étaient constamment en état de survie : ils devaient constamment se protéger et se défendre.

Je ne crois donc pas être venue au monde autiste, je suis certaine l'être devenue à cause de l'intensité des symptômes à l'âge adulte. Cependant, il est fort possible que j'aie hérité d'une prédisposition génétique qui a été déclenchée par un ou plusieurs impacts environnementaux. Dans mon deuxième livre : « Comprendre et vaincre l'autisme : les causes environnementales dans le déclenchement de l'autisme », vous allez y trouver beaucoup d'informations relatives à ce sujet.

Les symptômes qui semblent s'améliorer ou empirer en vieillissant pourraient être dus à la capacité du corps à se nettoyer des intrus et des impuretés.

On peut dire que depuis la nuit des temps, les gènes ont muté pour tenter de s'adapter à l'environnement. Des chercheurs ont découvert des transformations à l'intérieur de plusieurs gènes et que ceux-ci entrent en interaction les uns avec les autres. Des scientifiques pensent qu'il peut y avoir un facteur héréditaire bien qu'aucun gène n'a pu être identifié avec certitude, sauf des interactions entre plusieurs. Et l'être humain continue à s'adapter à son environnement et à son alimentation.

Ma mère biologique n'aurait pas parlé avant l'âge de 6 ans au point que son père croyait qu'elle était pour être muette. Elle a aussi des difficultés dans ses relations interpersonnelles. Elle se chicane souvent et elle aurait tendance à couper bien des ponts. Elle ne sort pas souvent de chez elle et préfère la solitude. Je soupçonnerais quelque chose chez elle. Peut-être serait-elle autiste légère, aussi appelé autiste avec un haut niveau de fonctionnement si je considère son retard au niveau du développement du langage. De plus, l'une de ses sœurs aurait eu un garçon autiste. Plusieurs personnes dans sa famille souffrent de dépression. Accoucher de moi fut si pénible qu'elle a dû être endormie. Elle n'avait que 18 ans et j'étais donc un bébé de petite taille, mais je n'étais pas une prématurée. Ma mère buvait-elle ou fumait-elle pendant sa grossesse? Aurais-je manqué d'oxygène à la naissance? Je ne le sais pas. Il y a des choses que je n'ose pas lui demander.

Mon père biologique serait décédé d'un cancer du foie et de l'estomac. Aurais-je hérité d'une faiblesse à ce niveau et que cela expliquerait mes problèmes gastro-intestinaux, de même que mes douleurs au foie qui existent depuis que je suis toute petite? Des problèmes au foie au niveau de la détoxication donneraient des symptômes comme ceux du syndrome.

Je me suis demandée en quoi le syndrome d'Asperger ressemble à de l'autisme, car c'est une forme qui est différente des autres; c'est comme si je suis à cheval sur la ligne qui sépare l'autisme de la normalité.

Le syndrome d'Asperger et l'autisme de haut niveau faisaient partie de la grande famille des Troubles Envahissant du Développement. Maintenant une reclassification les regroupe tous sous le même terme des Troubles du Spectre Autistique. Toutes les caractéristiques qui les distinguent se manifestent différemment d'une personne à l'autre : chaque cas est unique. Autiste Asperger ou le syndrome d'Asperger sont des termes synonymes. Il se situe à l'extrême du spectre en opposition avec l'autisme sévère. Asperger est une forme d'autisme, mais qui présente des capacités et des avantages. Hans Asperger, celui qui l'avait découvert disait qu'il s'agit d'une forme d'autisme sans en être vraiment une. Alors pourquoi le met-on dans le même panier? Le cerveau des personnes Asperger est branché autrement que celui des autres formes d'autisme.

Pour une personne autiste, sa coupure avec le monde peut être totale; alors qu'une personne Asperger manifeste de l'intérêt envers les interactions sociales malgré ses maladresses. J'ai bien aimé cette expression que j'ai trouvée en faisant mes recherches : « L'autiste vit dans son propre monde, alors que la personne Asperger vit dans - votre - monde mais à sa manière » (Autistes sans Frontières). Les Asperger n'ont pas de déficience intellectuelle comme ça peut être le cas pour son cousin autiste ni des retards au niveau du développement du langage et il est capable d'interactions sociales aussi. Comparé aux autres formes d'autisme, il n'est pas toujours dans sa bulle. Le mécanisme du syndrome d'Asperger est différent des autres troubles dans le spectre de l'autisme et pourrait devenir une entité en soi, car la structure cérébrale est différente aussi des autres formes d'autisme. En ce qui concerne les Asperger, ils ont plus de difficultés dans la motricité et la coordination que les autistes, leurs intérêts limités sont plus marquants et les antécédents familiaux plus fréquents. Mes lacunes les plus sévères se situent au niveau du langage gestuel et corporel autant le décodage que l'expression; les manques de jugements et la lenteur dans les prises de décision; sans oublier mes hypersensibilités sensorielles. J'ai aussi des troubles de coordination.

Asperger est une forme d'autisme dont les symptômes diffèrent. Étrange! Il devrait être reclassé et faire partie d'une autre catégorie. Il devrait y avoir des sous-catégories également au syndrome d'Asperger : léger, modéré ou sévère. Dans mon cas, ce serait « léger », je crois, mais quand même.

AUTRES PARTICULARITÉS

On dit que chaque personne est unique au monde et qu'il n'y en a pas deux pareilles. Il faudrait alors éviter les comparaisons. Seriez-vous d'accord avec moi?

Est-ce que les symptômes sont devenus pires à l'âge adulte ou si je les remarque davantage parce que j'en ai pris conscience? Il y a des choses que je fais depuis longtemps, mais je n'aurais jamais pensé qu'il pouvait y avoir un lien avec l'autisme-Asperger.

J'ai des peurs qui sont parfois irrationnelles comme celles de tomber à l'eau en traversant un pont, qui pour se faire, je choisis souvent la voie centrale. J'ai tellement horreur d'arriver en retard que je pars souvent trop longtemps à l'avance. Je perds vite le sens de l'orientation qu'une fois, je suis arrivée deux heures en retard sur un plateau de tournage; alors que d'habitude, j'arrive 45 minutes à l'avance. J'ai de la difficulté dans la perception visuo-spatiale telle que le temps et la distance, car j'ai de la misère à établir combien de temps cela me prendrait pour me rendre à tel endroit. J'ai une peur bleue de revenir à la maison et de retrouver celle-ci en cendres; voir le bout de la toiture au loin me rassure toujours.

J'ai une certaine déviance dans mon champ visuel gauche; je vois moins loin en périphérie. Lorsque je suis assise sur le divan dans le salon, je ne peux pas supporter que le fauteuil à gauche soit de travers, je dois le redresser et le mettre droit sinon je ne me sens pas bien. Je ne supporte pas des gestes ou mouvements brusques surtout de ce côté.

J'ai une routine le matin, les choses doivent toutes être faites dans un ordre précis, autrement, je me sens déstabilisée, angoissée et agressée. Il ne doit pas avoir plusieurs personnes dans la cuisine ou la salle de bain en même temps; je panique, car je me sens étouffée : mon environnement et mon espace vital sont anéantis.

Je ne me présente pas toujours en public en portant une attention particulière à la façon dont je suis peignée ni de la manière dont je suis habillée. Je ne vis pas pour les autres et j'ai tendance à me foutre de ce qu'ils pensent. Un collègue me taquinait souvent en me disant que je m'habillais comme une grand-mère. J'ai hâte qu'il change sa cassette de bord au lieu de faire constamment de l'écholalie! Je ne suis pas la mode et faire des achats dans une friperie convient à mes goûts et à mon budget. Mais ce n'est pas juste à cause de cela : les vêtements neufs puent les produits chimiques et ils ne sont pas aussi souples que ceux qui ont déjà été portés. Je me suis déjà présentée à un rendez-vous médical en robe de chambre et en pantoufles. Des personnes Asperger ne se gêneraient pas pour aller faire leur épicerie en pyjama.

Je ne comprends pas le besoin de dire « merci » à quelqu'un parce qu'il trouve mes vêtements beaux puisque je ne me sens pas concernée étant donné que mon linge n'est pas une partie de moi. Les goûts des autres ne m'intéressent pas. C'est comme si quelqu'un me disait, lors d'une visite dans une pépinière qu'il trouve telle statuette magnifique; je ne le remercierais pas, à moins que je sois l'artiste qui l'a conçue, bien sûr. Il faut dire à une personne Asperger : « Tu es très jolie dans cette robe! » Alors là, elle va se sentir concernée et comprendra mieux la nécessité de vous remercier. Si vous lui dites que son manteau lui fait bien; elle souhaitera pour vous que son manteau vous remercie à sa place. Une fois ma belle-mère me dit qu'elle trouvait mes vêtements beaux. Je lui réponds que le haut et le bas ne m'ont coûté que 50 cents chacun. Elle me chuchote à l'oreille qu'il ne faut pas dire ça, et qu'il faut dire « merci »; mais je n'ai jamais compris pourquoi. Pour moi, ça ne fait pas de sens. Je ne comprends pas que ça voudrait dire que j'ai du goût. Si c'est ça que les gens veulent dire, il faudrait alors qu'ils s'expriment ainsi : « Tu t'habilles d'une manière très élégante! » Je vous trouve compliqués.

Je suis loin d'être une personne prude, je parle de sexualité à des moments et dans des contextes non convenables ainsi qu'à des personnes à qui je ne devrais peut-être pas. Je ne comprends pas toujours les conventions sociales. Encore là, serait-ce comme si je n'avais pas de filtre? Quand on a de la visite, je ne pense pas toujours à fermer la porte de la salle de bain lorsque j'y vais; ou bien, je peux continuer d'attacher mon pantalon dans le salon devant nos invités.

Je peux avoir des obsessions bizarres. Les portes des armoires et des tiroirs doivent être fermées; ce qui tombe sur les nerfs de mon mari quand je suis dans la cuisine en même temps que lui à passer derrière lui et à tout ramasser avant qu'il ait terminé. Je ne supporte pas non plus la vue d'eau ou d'autres liquides sur le comptoir que je dois essuyer immédiatement et je dois jeter les emballages des aliments au fur et à mesure qu'ils se déploient : je ne suis pas capable de faire un petit tas de cochonneries qui traînerait sur le comptoir. Les choses doivent être rangées à leur place et je trouve très agressant le fait de devoir constamment ramasser les bottes de mon conjoint qui se retrouvent tout le temps au milieu de l'entrée. Dès fois, je n'en peux plus et j'ai juste le goût de les lancer au bout de mes bras dans la neige. Ça lui a pris bien du temps pour comprendre, au point que je croyais qu'il faisait exprès. Comme j'aimerai être moins sensible! Pour d'autres personnes, cela ne les dérangerait pas. Pourquoi est-ce que je remarque ces choses-là? Les cadres doivent être droits sinon je me lève pour aller les redresser; c'est plus fort que moi et je trouve cela fatiguant.

Je dois toujours terminer ce que je commence au point qu'il m'est difficile de m'arrêter même si ça me prend toujours du temps pour me décider et me mettre en œuvre. C'est mon mari qui doit m'apporter un verre d'eau l'été quand je travaille en plein soleil, car sinon je risque de me déshydrater et de souffrir d'un coup de chaleur, car je n'arriverai pas à arrêter avant d'avoir fini; il doit m'imposer des pauses; je n'ai pas de feu jaune ni rouge, ma lumière est toujours au vert; c'est comme si je n'arrivais pas à appliquer les feins et il en est de même au niveau des émotions que je ressens : c'est la raison pour laquelle ils m'envahissent tant. Maintenant, je me suis donné un truc : je mets une minuterie; puisqu'elle sonne, je suis obligée d'arrêter ce que je fais pour aller l'éteindre. Alors à ce moment-là, je suis capable de décrocher et de passer à autre chose. Autrement ça me prend une volonté énorme et beaucoup d'efforts, sauf si une perturbation soudaine arrive, mais retourner à ma tâche, ensuite, me demande des efforts également; souvent, je passe à autre chose. Si je suis en train de manger et que quelque chose me dérange et me perturbe que je suis obligée d'arrêter momentanément; en revenant, je ne suis pas capable de terminer mon repas. Je ne sais pas pourquoi, mais je suis ainsi faite. Quand mon mari me recommande d'arrêter de m'en faire, je lui réponds que je ne peux pas peser sur les freins puisque je n'ai même pas de pédale. Quand mon fils s'est fait cassé le bras par un imbécile au baseball, il a fallu 4 adultes dont une personne obèse pour me retenir, car j'avais décidé d'aller casser la gueule à l'autre. La semaine suivante, je me suis excusée de mon comportement et ils m'ont qualifiée de maman ours; ce qui n'est pas si mal : je protège mes petits.

J'aime les gestes répétitifs comme ceux reliés au tricotage ou au crochetage ou aux points de croix, ou les peintures sophistiquées à numéros pour adultes. Je serais à l'aise de travailler dans une manufacture ou sur une chaîne de montage. Je dois finir un projet avant d'en commencer un autre. Je suis parfois absorbée sur Internet, je peux passer des heures sur des sites et magasiner sans nécessairement acheter quoi que ce soit. Quand je suis absorbée par quelque chose, je n'arrive pas à décrocher. Je pourrais facilement devenir une joueuse compulsive, par obsession et fixation si je commençais; alors pour éviter cela je me suis dit que jamais je ne mettrais un premier 25 cents dans une machine à sous, car tant que le premier n'est pas mis, les autres ne suivront pas et je n'y mettrais pas le dernier non plus ☺.

Je ne vois pas la nécessité de faire quelque chose si je n'en comprends pas le besoin, l'utilité ou les raisons. Dans mes cours de théâtre, je ne comprenais pas pourquoi on devait s'étendre par terre au début pour relaxer; cela ne nous avait jamais été expliqué, donc je n'ai jamais été capable de faire le vide.

Je ne parle pas pour ne rien dire. Je n'essaye pas d'avoir l'air intéressante. Je ne suis pas une « m'as-tu vue ». Je déteste les « show off » et le narcissisme.

Je dois toujours bouger et faire quelque chose; sinon j'ai l'impression de perdre mon temps. Mon mari me dit souvent que je devrais m'asseoir et me reposer. Je lui réponds que j'ai toute la nuit pour faire ça et qu'à la fin de ma vie, j'aurai toute l'éternité pour relaxer.

J'ai des sautes d'humeur, surtout lorsque mon cerveau est en état de surcharge émotive ou cognitive. Je dois avoir du temps et un endroit où je peux me retrouver seule pour faire le point et retrouver la paix en moi. Je peux paniquer devant une petite difficulté et demeurer calme dans des situations catastrophiques ou tragiques; par exemple, si je rencontre un ours, je vais avoir tendance à essayer de me faire ami avec ou de négocier, mais si j'échappe un verre et qu'il se brise, je peux réagir comme si c'était la fin du monde. Je ne perçois pas toujours le danger tel que déjà mentionné : l'autre jour, je voulais aller couper un arbre qui traversait le ruisseau avec ma tronçonneuse électrique. Ma glande amygdale (au milieu du cerveau; à ne pas confondre avec les amydales dans la gorge) fonctionnerait mal : elle voit du danger là où il n'y en a pas et là où il y en a, elle ne m'envoie pas de signe. Ce serait aussi la raison pour laquelle les personnes autistes ont tendance à se refermer sur elle-même; c'est un peu comme si elle faisait le mort pour ne pas être attaquée par « l'ours ». Pour nous, c'est comme s'il y avait du danger partout. D'après certaines études, ce serait aussi la raison pour laquelle des personnes autistes pensent souvent au suicide; la mort est un moyen de se protéger du danger qu'il soit réel ou non.

Je parle et me conduis parfois comme une petite fille; quelque chose en moi n'a pas vieilli comme si j'étais une éternelle adolescente: je vais, par exemple, applaudir lorsque je suis contente ou essayer de m'envoler comme un petit oiseau en faisant un « flapping » des mains, en courant et en sautant partout. Je parais même beaucoup plus jeune que mon âge; et je suis loin de m'en plaindre. La joie m'envahit pleinement comme pour la peine.

Je roule parfois mes yeux vers le plafond du coin de l'œil gauche pour réajuster un problème de perception visuelle, et je tourne en cercle lorsque je suis impatiente, mais pas en rond sur moi-même et je ne me balance pas comme d'autres font pour s'auto-stimuler.

Ma façon de parler m'a toujours causé problème en radio et en théâtre, car j'avais toujours la mauvaise manie de déplacer l'accent tonique et on me reprochait souvent de chanter mes textes. J'ai une bonne mémoire : je connais par cœur des chansons sur plusieurs CD qu'elles soient en français ou en anglais. Le chant est un mode d'expression et il sert à soulager mes colères refoulées et mes angoisses; alors je dois toujours chanter en conduisant ma voiture; ça m'aide aussi à me concentrer sur la route. Si je ne chante pas, je suis convaincue que vais avoir un accident; j'ai des croyances irrationnelles. Il y a certaines musiques que je tolère et d'autres qui me tombent royalement sur les nerfs dont les répétitions de mêmes rythmes à l'infini ou les sons au-dessus d'un certain décimal qui finissent par m'irriter. Autrement, j'aime écouter le silence; j'ai besoin de paix intérieur. Je ne serais pas capable de travailler intellectuellement en écoutant de la musique comme certaines personnes ayant un déficit d'attention peuvent faire sous prétexte que ça les aide à être dans leur bulle.

Je me trompe parfois de mots : je vais parler de la clavicule lorsque je veux m'exprimer au sujet de la canicule; donc je fais des fautes au niveau des paronymes verbalement, mais à l'écrit aussi. Par exemple, je vais me tromper entre un incident et un accident, ou chantier avec sentier ou tablette avec palette. L'autre fois, j'ai dit à mon conjoint de mettre de l'argent dans le percolateur au lieu du parcomètre. ☺ Je suis fascinée par les chiffres lorsque je fais ou prépare mes impôts; j'ai l'impression de pouvoir jongler avec eux.

Lors d'un argument, j'aurai besoin de temps supplémentaire pour gérer l'information reçue ainsi que les émotions qui en ont été déclenchées, et pour formuler une réponse bien pensée, structurée et qui soit convenable : ne pas dire n'importe quoi sur le coup de l'impulsion.

Je me sens le plus limitée dans le décodage du langage non verbal. Je ne vois pas de frustration dans un froncement de sourcils, mais plutôt un questionnement. Il ne peut pas s'agir, pour moi, d'un émerveillement. Si un élève est fâché contre moi, je vais lui demander s'il est fatigué. Je perçois mal.

Je prends presque tout au premier niveau. Concernant ma compréhension au sens littéral, voici un exemple : après un spectacle, mon fils me demande quel numéro je préfère. Je lui réponds que j'ai toujours aimé le chiffre 3. Pour moi, un mot ne peut pas avoir plusieurs significations différentes. Les sens figurés pour moi ne sont pas tous évidents. Je fais des blagues à l'occasion pour rire de moi-même. L'autre jour, mes enfants me demandent de garder mes yeux sur la route; je leur réponds que je préfère les garder dans ma tête. Si quelqu'un me demandait s'il y a quelque chose entre moi et tel gars, je pourrais lui répondre : « Oui, un mur! » s'il est à la salle de bain, par exemple. ☺

J'aime l'humour, mais je ne comprends pas les blagues absurdes ou celles qui demandent une analyse des jeux de mots ou une réflexion approfondie non évidente; on doit me les expliquer, et même après des clarifications, je ne les trouve même pas drôles.

Lorsqu'un homme me demandait ce que j'avais l'intention de faire le soir même, je lui détalais mes projets en tête : ce que j'ai prévu souper, le programme que j'allais regarder à la télévision et je ne voyais pas que la personne était peut-être intéressée à moi; ce qui m'a fait malheureusement perdre de belles opportunités de rencontres; pour ce, je suis restée longtemps célibataire; je me suis mariée à 37 ans, ça vous donne une idée. Les gens ne savent pas qu'ils doivent être clairs, spécifiques et précis avec moi: je ne sais pas toujours lire entre les lignes et je ne décerne par nécessairement le côté implicite, mais cela m'est plus facile en lecture qu'à l'oral; sûrement parce que je suis plus visuelle qu'auditive.

Je ne sais jamais quand est-ce que c'est mon tour de parler, au point que j'interrompe souvent l'autre : raison pour laquelle je déteste parler au téléphone. J'ai peur d'oublier ce que je veux dire. J'ai plus de facilité à m'exprimer par écrit, bien que mes courriels ne soient jamais interprétés comme je l'aurais souhaité. J'ai tendance à déclencher des malentendus. Toutes les formes de communication demeureront un problème pour moi.

En haut de mon ordinateur, j'ai affiché ce slogan que j'avais trouvé sur Internet :

"Entre ce que je pense, ce que je veux dire, ce que je crois dire, ce que je dis, ce que vous voulez entendre, ce que vous entendez, ce que vous croyez en comprendre, ce que vous voulez comprendre, et ce que vous comprenez, il y a au moins neuf possibilités de ne pas se comprendre." Mais il faut essayer quand même.

Les perceptions et interprétations dépendent des croyances acquises et des expériences antérieures. Les gens voient et entendent ce qu'ils désirent. Les gens aujourd'hui semblent vouloir juste s'exprimer, mais ils ont perdu la capacité d'écouter. Malgré les avancées technologiques qui devraient faciliter nos communications, nous communiquons peut-être plus, mais pas mieux.

Je ne vais jamais dans les 5 à 7 ni autres party de bureau. Pourquoi essayer de créer des liens d'amitié pour qu'après les gens se lancent des couteaux dans le dos. Je n'aime pas aller chez ma belle-famille dans le temps des fêtes, au point que je préfère même fêter Noël seule. Il y a trop de gens qui bougent et qui parlent en même temps que ça a tendance à m'étourdir et à m'agresser. Il y a trop de bruit et trop de mouvements. Ça a été un soulagement pour moi lorsque mon mari l'a « enfin » compris et a cessé d'insister. Parfois il commençait à essayer de me convaincre 3 mois à l'avance, il me harcelait, me faisait du chantage émotif et cela faisait 3 mois d'angoisse chez moi. Les plus beaux cadeaux de Noël que j'ai reçus sont les dernières fois où j'ai eu enfin «la sainte paix ».

Côté aptitude parentale, je pourrais faire mieux, car on peut tous faire mieux : je n'arrive pas à aider mes enfants à régler leurs conflits sans les accentuer davantage comme ma difficulté à résoudre des problèmes mathématiques, et je ne suis pas la meilleure personne qui puisse les consoler lorsqu'ils ont de la peine, car j'aurai un manque d'empathie; il m'est difficile de me mettre à la place des autres. Leurs cris et pleurs lorsqu'ils étaient bébé m'agressaient et me donnaient le goût de fuir en courant. Je ne savais pas que j'avais une hypersensibilité sensorielle au niveau de l'ouïe et je croyais que lorsqu'il y avait des sons pointus, que cela me faisait penser à ma mère lorsqu'elle criait; alors je ressentais une forme de peur contre laquelle je voulais me défendre. Mon mari a plus de facilités que moi à les comprendre et à les sermonner. Sauf que j'avais une grande capacité à les aider à faire leurs devoirs; en tant qu'enseignante, c'était là l'une de mes grandes forces. Leurs réussites scolaires étaient importantes et le seront toujours. Cependant je ne regretterai jamais d'avoir eu des enfants, car ils ont donné du sens à ma vie au moment où j'en cherchais un parce que je me sentais inutile. Mes enfants sont ce que j'ai de plus précieux au monde.

Par peur de transmettre ce phénomène à mes descendants, je n'aurai pas eu d'enfants si j'avais su que j'étais Asperger. Avoir des enfants est la plus belle chose qui me soit arrivée. Des théories disent qu'il est possible de développer le syndrome d'Asperger, mais rien n'aurait encore été prouvé scientifiquement malgré certains faits. Et certaines études disent que ça peut passer par-dessus une génération.

Je ne peux pas détecter l'ennui qui se cache derrière un regard ou l'expression du visage. L'autre jour, ma fille rentrait de l'école, mon mari a tout de suite soupçonné que quelque chose n'allait pas chez elle, alors que je n'avais rien remarqué. En effet, elle avait eu une chicane avec sa meilleure amie. Mon empathie est quelque peu dysfonctionnelle, ce n'est pas que j'en ai pas, c'est que j'en ai moins : quand mon mari était malade, c'est-à-dire une fois où il vomissait dans le sous-sol, il ne comprenait pas pourquoi je n'ai pas été le voir pour lui demander s'il allait bien. Pour moi, c'était évident qu'il n'allait pas bien, alors aller le lui demander ne faisait pas de sens. Je n'irai pas demander à un malade dans un hôpital s'il va bien, car s'il était en forme, il ne serait pas là; c'est une question de bon sens. J'ai de l'empathie, mais pas au même niveau que d'autres; sauf que je peux avoir de la compassion. Je peux comprendre pourquoi une personne a de la peine sans pour autant pouvoir pleurer avec elle à moins que ce soit quelque chose qui me touche aussi. On dirait que les problèmes et les émotions des autres ne m'atteignent pas sauf si c'est diriger vers moi. Et même là, je risque de mal les percevoir et interpréter.

Lorsque je parle de mes particularités, des gens ont tendance à me trouver fascinante et sensée. Lorsque j'ai appris à l'une de mes collègues que je suis Asperger, elle m'a répondu qu'elle avait toujours trouvé que j'avais un sens de l'humour particulier; chose à laquelle, je n'avais jamais fait attention.

Ma fille ne comprend pas pourquoi j'utilise des mots hors contexte comme le fait de parler de mes gaz intestinaux lorsque je fais mon épicerie avec elle, et elle se permet de me critiquer. Je manque de jugement aussi tel que déjà mentionné auparavant, car l'autre jour, j'ai réveillé mes enfants pour leur dire qu'il n'y avait pas d'école à cause d'une tempête de neige au lieu de les laisser dormir. J'avais peur qu'ils s'inquiètent lorsqu'ils se réveilleront et constateront l'heure et qu'ils se mettent à paniquer en pensant qu'ils ont manqué l'autobus. Donc, je les ai réveillés pour leur dire qu'ils pouvaient continuer de dormir. ☺ Un jour ce printemps, je ne voyais rien en conduisant, car le soleil m'aveuglait par ses reflets sur mon pare-brise glacé; alors j'accélérais pour atteindre le virage le plus tôt possible et dissiper ainsi ses rayons, au lieu de ralentir et de faire attention. Mon fils, qui était avec moi, m'a demandé la raison pour laquelle j'accélérais alors que je ne voyais rien. Je lui ai répondu : « Parce que j'avais hâte de voir quelque chose! » Il m'agace encore aujourd'hui avec ça, car c'était grâce à lui, si je n'avais pas foncé dans les garde-fous d'un pont. Je pense et agis vraiment autrement!

J'ai des problèmes de coordination. J'ai pris des cours de danse et je peux vous dire que dans un bol de petits pois verts, la carotte qui se faisait remarquer; c'était moi. Lors d'une répétition pour un spectacle, je suis partie dans le sens contraire des autres, et je me souviens m'être blessée au cou en entrant dans quelqu'un; le chorégraphe et professeur était tout découragé. Il s'agit aussi d'une difficulté d'orientation.

En Kung Fü, bien que je me sois rendue jusqu'à la ceinture verte chez les adultes, j'avais déjà de la misère à exercer une chorégraphie d'attaque imaginée, alors la faire dans le sens inverse, en plus, était quasiment impossible pour moi. Je me plaçais dans les derniers rangs et rarement en avant afin de suivre les mouvements des autres. Ce problème de coordination me cause des ennuis aussi quand je mange, car je me mords souvent la langue ou les joues comme si mes mâchoires décrochaient et tombaient; cela m'arrive surtout si je dois me concentrer sur quelqu'un qui me raconte sa journée, par exemple; c'est comme si je ne pouvais pas faire deux choses en même temps, et c'est très frustrant parce que ça fait rire mes enfants et mon mari quand ça m'arrive même si j'ai les yeux plein d'eau tellement ça me fait mal. À plusieurs reprises, je me suis brisé des dents en mordant dans la fourchette.

Concernant mon trouble d'orientation, je me pers facilement la nuit ou en campagne, car je n'ai pas de points de repères visuels; surtout qu'en plus, je dois porter des lunettes de soleil lorsque je conduis le soir ou la nuit pour ne pas me laisser déranger et distraire par les lumières des autres voitures et celles des lampadaires qui me donnent des maux de tête et qui m'empêchent d'être attentive parce que ce sont des lumière en mouvement. Je me sens attirée par elles donc je pourrais faire des face-à-face. Je ne dois pas demeurer en arrière d'un camion qui m'empêche de voir où je vais et qui m'empêche d'appréhender ce qui pourrait arriver de surprenant. Je déteste les surprises. Les feux de circulation et les pancartes directives n'ont pas été placés au Québec en considérant les conducteurs obligés de suivre un camion. Je dois toujours prendre le même chemin même s'il en existe de moins longs, car cela me sécurise. Je suis un peu comme une vache (désolée pour la comparaison, mais c'est mon animal préféré ☺), qui au lieu de gambader partout dans le champ, préfère se promener en empruntant un sentier de terre déjà battue par ces prédécesseurs. Je dois faire un plan visuel sur papier pour savoir où je vais lorsqu'il s'agit d'une nouvelle destination et je dois faire par écrit aussi le trajet inverse, car autrement je n'y arriverais pas en me l'imaginant juste dans ma tête en me mettant dans le sens contraire. Je me mélange aussi parfois entre l'est et l'ouest lorsque je me dirige vers le sud, car je dois m'imaginer aller vers le nord. On ne peut pas m'expliquer par téléphone un chemin que je dois prendre, car je ne comprends rien, je dois le voir. Je vais toujours à la même pompe à essence; sinon je préfère quasiment changer de station service ou attendre. J'avais même déjà vu une femme patienter qu'une voiture parte pour prendre sa place alors que les autres pompes à essence étaient disponibles; je ne suis donc pas la seule.

Je mets des autocollants sur ma voiture, car c'est une façon pour moi de m'exprimer : « Don't text and drive », « Autism is treatable and reversible », « Proud Aspie » et « Been different can be a bood thing ». Et je viens de m'en commander un autre qui dit : « Don't follow me, I'm lost too » Il paraît que bien des personnes Asperger font ça : c'est une manière de s'exprimer. Par peur de ne pas retrouver ma voiture dans un stationnement et par besoin que les autres me voient bien sur la route, ma voiture a pendant longtemps été d'un jaune citron ou d'une couleur pâle facile à reconnaître au loin, mais pas blanche à cause de la neige en hiver; comme ça les autres conducteurs ne pourront pas dire qu'ils ne m'ont pas vue. J'ai un attachement excessif à certains objets; par exemple, une fois, il n'était pas question de sortir la boîte de mouchoirs de ma voiture pour la mettre dans une autre; j'en avais fait une crise, je me sentais déstabilisée. Il doit toujours y avoir une boîte de mouchoirs à côté de moi sur le siège passager même quand je ne suis pas là, car c'est pratique lorsque j'ai un rhume ou que je veule jeter ma gomme à mâcher. J'ai des rituels tels que le fait de faire le signe de la croix à chaque fois que je prends le volant, ça apaise mes angoisses.

J'ai une perte de mémoire à court terme, je cherche souvent mes mots; quelqu'un m'avait dit que ça pouvait être dû à un débalancement hormonal lors de la pré-ménopause.

La chaleur intense ne me dérange pas, alors que je suis intolérante au froid. J'ai souvent les pieds et les mains gelés même en plein été où je dois porter des bas, en toutes saisons, pour dormir. Si j'ai un trouble de circulation sanguine, cela n'aide pas à l'oxygénation de mes cellules cérébrales ni à leur alimentation en nutriments. J'ai besoin d'une couverture chaude qui exerce un certain poids sur moi pour me réconforter et m'aider à trouver le sommeil. Ça devient un problème en saison estivale, car j'ai besoin de quelque chose de pesant sur moi et parfois j'ai trop chaud, alors je dors mal. Je n'aime pas tout ce qui est froid ; donc, pas de glace dans mes verres et je dois sortir longtemps à l'avance des aliments du frigo. J'ai tendance à surchauffer la maison en hiver et j'ai horreur de l'air climatisé surtout quand je sens le courant d'air me frôler la peau; c'est comme si je recevais de petits coups de fouet.

Si je me réveille au milieu de la nuit, je dois, quelques fois, changer de lit sinon je ne me rendors pas, car les textures des draps et des taies d'oreiller me dérangent. J'ai des contractions musculaires qui demeurent sans relâchement. Quand j'essaye de m'endormir, mes cuisses se crispent ou le haut de mes épaules. Je n'arrive jamais à relaxer complètement, je suis souvent tendue. Les muscles de mes abdominaux sont toujours contractés; cela nuit aux examens médicaux tactiles, car je n'ai pas de contrôle dessus. On me demande de relâcher mes muscles et de relaxer, mais on dirait que j'en suis incapable.

Je n'ai pas la mémoire des noms ni des numéros de téléphone ou adresses ni en ce qui concerne les dates d'anniversaire que j'ai tendance à oublier aux déceptions des autres. Même pour ne pas oublier la fête de mon conjoint, je dois l'écrire sur le calendrier; ou bien, lui ne se gêne pas pour me le rappeler.

Et voici un moment cocasse où j'ai eu un manque d'analyse et encore une fois, de jugement: la porte de ma maison était barrée et je n'avais pas la clé; alors j'ai forcé la fenêtre et lorsque celle-ci était grande ouverte, j'ai passé ma tête et mon corps complètement à l'intérieur de l'autre côté pour ensuite me relever et débarrer la porte, alors que passer ma main par une petite ouverture aurait suffit pour saisir la poignée dans l'autre sens et ainsi l'ouvrir. Je ne pense pas comme les autres... mais j'arrive quand même à une solution!

À l'université, un réalisateur m'avait dit dans un cours de scénarisation que j'avais un style d'écriture qui ressemblait à un mélange de Stephen King et de David Lynch; je les connaissais qu'un peu à l'époque, mais je n'avais pas beaucoup vu ni lu à leur sujet encore. Je ne sais pas si c'était un reproche ou un compliment, mais voulant développer mon propre style à moi, je n'ai pas continué dans cette voie ; car pour moi, l'idée de copier quelqu'un ne me plaisait pas. Quelqu'un d'autre aurait pris cela comme étant une critique positive, mais pas moi. Autre chose d'étrange, si je me présentais à un concours de chant, par exemple, et qu'on me choisissait, je déciderai de ne pas aller plus loin, car juste le fait d'avoir été reconnue une fois pour mon talent à la première étape m'aurait suffit amplement. Personne ne comprendrait alors mon comportement. Je suis bizarre. Je suis ainsi faite. Je cherche la reconnaissance mais pas la gloire.

Une fois à l'université, à l'intérieur d'un cours en arts plastiques, j'avais participé à un atelier de peinture en direct devant un public. On trouvait que j'avais inventé un nouveau style d'expression et j'en étais quelque peu flattée, bien que je me sentais à part; c'est comme si je ne faisais pas partie de mon époque. Ma peinture n'avait pas été vendue à l'encan, elle avait été volée à ce qu'on m'a dit. Je crois plutôt qu'on l'avait cachée et jetée. Je trouve que les gens sont méchants; ou bien, j'ai tendance à voir plus le négatif que le positif. Si elle a réellement été volée, je devrais pourtant considérer cela comme étant un bon signe. Si quelqu'un la voulait réellement à ce point, c'est qu'elle devait être très belle. Mais j'ai tendance à voir le côté sombre des choses.

J'AI DES HYPERSENSIBILITÉS SENSORIELLES

Je suis hypersensible aux bruits surtout lorsqu'ils sont multiples, forts, aigus, ou ceux suscitant un élément de surprise. Ils me font mal aux tympans. Parfois les bruits m'agressent, mais ça semble dépendre des décibels. Il y a des sons que je perçois mal au point que mon mari m'a obligée d'aller consulter un audiologiste qui n'a trouvé aucune anomalie. C'est comme si les troubles étaient intermittents : parfois j'entends trop bien et parfois pas assez. Je suis la seule à trouver le volume du téléviseur trop élevé ou pas assez fort. Mon mari doit me demander s'il peut faire ou ranger la vaisselle, car les bruits qui en sortent me font mal aux oreilles, me rendant impatiente et agressive gestuellement et verbalement.

Je ne pourrais pas travailler dans une salle de quilles, par exemple; ce ne sera pas long avant que le bruit me fasse entrer dans un état de panique. Je ne peux pas me concentrer sur ce que les gens disent en ignorant les sons autour. Je n'ai pas plusieurs canaux pour l'ouïe comme la majeure partie des gens; si je le ferme pour ignorer le bruit, je ne peux pas bien comprendre ce qu'on me dit. Je ne peux pas, à la fois, écouter la télévision et ce qu'une personne me dit : je ne peux pas courir après deux lièvres à la fois, car je n'en attraperai aucun. Je dois baisser le volume de la télévision et demander aux personnes autour de se taire lorsque je parle au téléphone. Je dois porter des bouchons d'oreille pour dormir. Lorsque la musique ou la senteur est trop forte dans un magasin, je ne peux pas y rester. En tout cas, ce n'est pas une manière d'attirer une plus grande variété de clientèle contrairement à ce que ces commerces croient : agresser une cliente par ses sens n'augmentera pas leurs ventes de la journée. Aller au spectacle de One Direction avec ma fille au stade olympique a été un vrai cauchemar (la musique forte, les effets lumineux, les applaudissements et les cris). Je supporte aussi très mal le bruit des bouches en mangeant. Je ne peux pas écouter un film si j'entends mes enfants ou mon mari croquer dans du pop corn ou des chips. En vieillissant, les bruits m'agressent encore plus; surtout ceux qui sont inutiles ou que j'en ignore la provenance et ceux desquels le contrôle m'échappe. Ils ne me dérangent pas si j'en suis l'auteure, car ils ne me font pas sortir de ma bulle et ne provoquent pas de surprise.

J'avais eu la brillante idée de demander l'utilisation d'acétate bleue pour les élèves dyslexiques et la permission afin qu'ils puissent l'avoir en salle d'examens, car le contraste noir sur blanc excitait leur vision et ça faisait sauter les lettres dans leur tête; un fond bleu calmait cet état et cela leur a permis de lire, d'écrire et de se corriger avec plus de facilité. Donc leur fournir un filtre bleu réduit la déformation et remplace ce que leur cerveau ne peut pas produire comme filtre. Dans le passé, des élèves nous demandaient de photocopier des pages de leurs cahiers sur un fond de couleur bleue. Certaines personnes se font prescrire des verres bleus pour la lecture et l'écriture. Puisque la dyslexie est une forme de sur-stimulation visuelle, et que cela n'est pas toujours présent chez moi, cela fait en sorte que je suis soit en mode hyper ou en mode hypo : ça pourrait expliquer mon manque de vigilance et de constance dans mes évaluations. Je viens de tout comprendre : j'ai un problème d'hyper et d'hypo stimulation visuelle! Par exemple, parfois je peux lire sans lunettes alors que d'autres fois, pour la même grosseur de caractères vue avec la même intensité lumineuse, ça m'en prend. La vision peut être perturbée; il s'agirait d'un trouble du traitement visuel.

Voici un autre très bel exemple quand je parle de changer l'environnement afin d'obtenir le comportement désiré : parfois je ferme les lumières de la classe et c'est plus apaisant; les néons sont trop agressants et rendent les élèves turbulents; c'est une manière normale de réagir à une provocation. Il y aurait moins de discipline à faire dans les classes si on changeait pour un éclairage plus doux. L'une de mes collègues faisait de même et j'avais suivi son exemple. Trop de luminosité rend aussi le papier plus blanc, créant ainsi un plus grand contraste avec la couleur de l'encre des chiffres et des lettres pouvant ainsi sur-stimuler la vision et créer une forme de dyslexie ou une difficulté de comprendre ce qui est lu, car l'attention est plus dirigée sur la perception que sur le traitement de l'information.

Si ce sont seulement les personnes autistes qui souffrent d'hypersensibilités sensorielles et de distorsion cognitive, alors la dyslexie et les troubles de comportement seraient des variantes de l'autisme; même ceux qui ont un déficit d'attention avec ou sans hyperactivité souffriraient également de dépression et d'anxiété comme les Asperger. Est-ce que tous ces disfonctionnements feraient partie de la même grande famille, mais en présentant des intensités différentes?

Je suis plus intolérante à la douleur dans certaines circonstances; alors que dans d'autres, cette hypersensibilité sensorielle va me donner plutôt des sensations plus agréables que la majeure partie des femmes de mon âge lors des échanges intimes; je ne m'en plaints pas non plus, surtout pas. Autant que je peux être très épanouie sexuellement qu'il y a des moments où j'entre dans une phase de frigidité. Ça peut être plaisant par moments, d'autres fois, c'est douloureux ou je n'ai aucune sensation. Je passe régulièrement aux modes hyper à hypo. Parfois je m'arrête au mode « normal ». C'est comme si j'avais des interrupteurs et des amplificateurs dans ma tête, mais sur lesquels je n'ai pas de contrôle.

Je vais prendre pour une agression le manque de distance chez l'autre s'il entre dans mon espace vital. Avant que mon mari sache que je suis Asperger, je m'étais donné un truc : je criais « bulle! » lorsqu'il s'approchait trop de moi dans un moment qui ne me convenait pas, mais au lieu de reculer, il franchissait cette barrière imaginaire de bien-être en faisant d'abord semblant de la péter de son doigt. C'était un manque de respect pour moi et ça m'irritait. Je déteste les nombreux bizous et câlins par jour que j'ai dû implanter un nombre quotidien pour les limiter afin que je puisse me sentir bien, moins attaquée par trop d'amour et d'affection par l'autre, et j'ai horreur des bizous mouillés : je déteste la sensation de liquide sur mes lèvres. Je ne peux pas tenir la main de quelqu'un plus que 5 minutes. Les doigts de l'autre qui frottent les miens m'irritent à me faire grincer des dents.

J'endure mal les bas de nylon que je dois les enlever dès que je rentre à la maison. Je ne supporte pas les vêtements trop serrés à la taille ni la texture de certains tissus qui me donnent des frissons jusqu'aux os; raison pour laquelle je préfère les robes et les jupes aux pantalons ainsi que les vêtements moulants comme les leggings à ceux qui sont trop amples pour éviter qu'ils me frottent sur la peau. Je déteste les jeans, le tissu est trop rigide, mais j'aime ceux qui sont extensibles. Les ceintures et élastiques à la taille me font mal au ventre. Certains peuvent penser que je fais exprès pour m'habiller d'une manière sensuelle ou provocante, mais je n'y suis pour rien si mes formes plaisent et dérangent. Lorsqu'on me fait un câlin qui fait juste m'effleurer, je vais trouver cela agressant et j'aurai tendance à repousser l'autre; je préfère être serrée fortement que de recevoir une caresse subtile.

Je n'aime pas sentir les cheveux me chatouiller le visage ni les manches sur mes poignets. Presque toutes les étiquettes de mes vêtements doivent être arrachées. Une femme Asperger avait déjà fait une collection de toutes les étiquettes de vêtements qu'elle avait arrachées dans sa vie. Je n'aime pas les brassières à cerceaux rigides; je ne suis pas capable de les endurer. Je déteste la sensation des cheveux autour de la barre à savon. Je ne supporte pas les cols roulés, j'ai l'impression qu'ils m'étranglent. En hiver, un cache cou m'est préférable à un foulard.

Les sauces gluantes et collantes me dégoûtent : on dirait de la morve; de même que certaines textures alimentaires telles que les fleurs de brocoli; on dirait que je mange du sable.

Je peux détecter la présence de fumée avant les détecteurs, même si je dors.

L'autisme, c'est un peu comme un iceberg : ce que vous voyez n'est qu'une partie du problème. Les comportements que vous qualifiéz comme étant étranges ou bizarres ont des fonctions importantes et particulières si on les regarde de l'intérieur. Si on analyse le tout, on se rendra compte qu'il s'agit plus d'un désordre sensoriel qu'un dysfonctionnement social. Comprendre la cause des comportements permettrait de les tolérer ou de les dévier. Alors, mettez-vous à notre place. Si vous êtes aveuglé par une lumière, c'est normal que vous vous protégiez les yeux. Lorsque vous avez froid, vous vous habillez plus chaudement; sinon vous aller grelotter. Claquer des dents lorsqu'on est gelé n'est pas considéré comme étant un trouble de comportement.

Parfois ce qui nous entoure nous pousse aux limites de notre tolérance. C'est douloureux d'être envahi par trop de stimulations externes en même temps. Ce n'est pas qu'on ne comprend pas le monde, c'est qu'on a de la misère à le « supporter », à le tolérer. Nos sens fonctionnent avec plus d'intensité que vous pouvez l'imaginer. Chacun des 5 systèmes agit lentement (hypo-sensible) ou en accéléré (hypersensible) et ça peut être différent d'une journée à l'autre. Les canaux sensoriels sont soit trop ouverts ou trop étroits et on n'a pas de contrôle dessus. Les problèmes perceptifs et sensoriels jouent un rôle important dans l'autisme. Si vous privez les animaux de leurs sens, ils auront un comportement autistique : gestes répétitifs, retrait, automutilation, excitation. Une perception confuse entraînera un comportement bizarre, mais étrange à vos yeux seulement, car pour nous, ce qu'on fait a du sens. Si vous voulez faire essayer un nouvel aliment à votre enfant s'il est autiste ou Asperger, donnez-le lui quand il regarde et écoute un film, car il ne peut pas mettre plusieurs sens en fonction en même temps.

Les thérapies comportementales essayent de développer des aptitudes sociales sans tenir compte de nos besoins sensoriels qui sont la plupart du temps incompris et ignorés; ce qui va dans le sens contraire du bon sens, car les traitements n'apporteront aucune amélioration. Puisque les profils perceptifs et sensoriels sont différents d'une personne à l'autre, un traitement peut être bénéfique et profitable pour un mais néfaste et pénible pour l'autre. On ne peut pas mettre tous les œufs dans le même panier. Comprendre le fonctionnement permet d'utiliser la bonne méthode; si non, c'est travailler dans le beurre. Chaque personne est unique au monde.

J'aime bien cette expression lue dans un des livres lors de mes recherches et qui ressemblait à peu près à ceci : « Laissez le cygne s'épanouir et s'envoler au lieu de l'obliger à rester le vilain petit canard. » Ainsi les neurotypiques auraient moins de difficulté à s'adapter à nous et accepteraient mieux ainsi notre différence. Pour comprendre : « tout n'est qu'une question de perception et d'interprétation ».

UNE DIFFÉRENCE PLUS QU'UN HANDICAP

Une dysfonction peut être qualifiée de sur habileté, d'un atout ou d'un don particulier, au lieu d'un défaut ou d'une faiblesse; essayons de voir les choses autrement ou sous un autre angle. Prenez par exemple, les bons musiciens ont un sens de l'ouïe très développé, les peintres ont un sens de la vue développé. Des particularités sensorielles ne sont pas nécessairement des déficits. C'est l'environnement qu'il faut adapter; le changer modifiera les comportements. C'est comme si on avait besoin d'un parapluie ou d'un imperméable. Voici un exemple de ce que veut dire « agir sur l'environnement » : si un enfant essaye d'entrer des objets dans une prise électrique, il existe des bouchons qu'on peut y mettre; on peut placer aussi une barrière aux escaliers si on ne veut pas qu'il joue dans les marches.

Les sens donnent une signification au monde. Il y a une construction et un assemblage dans notre cerveau à partir des stimuli présents et reçus; le tout dépend du traitement qu'on en fait. L'information extérieure est ramenée à nos expériences et savoirs antérieurs; à notre vécu comme tout le monde. L'interprétation est reliée à la mémoire, donc elle peut subir une « déformation ». L'imagination est divisée en deux grandes catégories : l'hallucination qui est une invention et l'illusion qui est une construction. Les gens ont tendance à ne pas voir la différence entre les deux. Mais il faut se demander si ce n'est pas ces phénomènes qui ont conduit vers les grandes inventions faites par des personnes autistes.

La perception dépend de ce qu'on a capté et du filtrage qu'on a donné à l'information reçue ou au trop grand nombre d'informations reçu en même temps, car ça devient compliqué si on reçoit des informations par plus d'un sens à la fois; cela emmène de la confusion et un débordement contre lesquels on tente de se protéger : notre cerveau devient surchargé. Recevoir trop d'informations est envahissant et déstabilisant; on n'arrive pas à les classer au bon endroit à la même vitesse qu'elles arrivent; alors on se sent submergés, envahis et c'est là qu'on a tendance à exploser et à se sentir dépasser par les événements. Souvent les personnes autistes n'ont pas de filtre dans leur cerveau, comme je l'ai déjà écrit; ce qui rend la tâche de sélection difficile : on ne sait pas ce qui est le plus pertinent à retenir; il y a un problème de modulation, ce qui apporte un déficit de la signification et un problème qui semble en être un d'adaptation. C'est la manière dont l'information est traitée qui détermine la manière d'agir. Donc certains jeunes n'ont pas nécessairement un ou des trouble(s) de comportement, car ils essayent de s'ajuster à ce qu'ils reçoivent. Ils seraient donc dotés d'une grande capacité d'adaptation que les gens, soi- disant normaux ne perçoivent pas. Les réactions sont en général inhabituelles ou difficiles à comprendre pour les autres. Les comportements sont d'ordre sensoriel; ce sont des mécanismes de défense. La surcharge sensorielle cause de la douleur; alors on préfère être seul, se retirer loin de tout; c'est un processus d'autorégulation. Alors il y a des stratégies compensatoires qui en ressortent, qu'elles soient volontaires ou inconscientes : par exemple, se boucher les oreilles lorsque le son est trop fort. Est-ce vraiment un comportement si étrange? Ce qui dérange le plus est de montrer aux gens autour qu'ils sont bruyants. Porter des verres fumés en classe, car les néons font mal aux yeux, est-ce si bizarre? Ce n'est pas pour attirer l'attention ni pour provoquer si certains élèves font cela; ça dépend de la manière qu'on le perçoit. C'est vous qui le prenez mal, car vous ne voyez que le haut de l'iceberg.

Ce qui est important pour un autiste ne l'est pas pour un neurotypique. Le traitement de l'information peut se faire à retardement; par exemple, un élève peut nous donner la réponse à une question qui a été posée hier. Ce pourquoi, il faut donner du temps à la personne pour penser avant de répondre, car répondre sous pression ne fera pas jaillir la réalité ou la vérité. C'est difficile lors d'interrogatoires policiers, car le suspect peut sembler confus, hésitant et mélangé; ce qui ne fait pas de lui un coupable pour autant. C'est dommage, car des personnes autistes innocentes se retrouvent derrière les barreaux et ne savent pas pourquoi : ils sont souvent victimes d'injustice.

Même la concentration peut être en mode hyper par moment et hypo dans d'autres. Donc une personne Asperger peut souffrir parfois d'un manque de concentration bien que l'on soit des gens capables d'une grande concentration sur une grande période de temps : raison pour laquelle nous sommes capables d'entreprendre de hautes études.

On évite les foules, car on trouve que les gens bougent trop et parlent tous en même temps, au point d'en devenir étourdis fait-il de nous des extra-terrestres pour autant? J'ai tendance à être quelque peu claustrophobe : avoir beaucoup de gens autour de moi me fait entrer dans un mode « panique ». Lorsqu'un enfant autiste fait une crise dans un centre d'achat bondé de monde, mettez-vous à sa place : peut-être que l'éclairage trop intense lui fait voir les visages comme étant déformés, ainsi les gens ressemblent à des monstres et ça lui fait peur. Si l'enfant fait une crise à chaque fois que vous voulez l'envoyez jouer dehors, c'est peut-être parce que la lumière du Soleil ou son reflet sur la neige lui brûle les yeux ou que le vent lui fouette la peau. « Si on se sent moins attaqués, on aura moins besoin de se défendre. » Les problèmes émotionnels et sociaux sont d'ordre perceptif. La paranoïa est un moyen de prévenir les mauvais coups, car une situation est transposée à une expérience négative antérieure : c'est issu d'un mauvais décodage et d'une mauvaise combinaison. Dans le monde moderne, il y a beaucoup trop de pollution sensorielle environnementale que ça en est « toxique ». On se noie dans des surcharges sensorielles et notre comportement est une tentative de survie.

Chaque cerveau construit un univers d'une façon différente, personne n'a eu les mêmes expériences de vie, on peut en conclure que personne ne voit les choses d'une manière semblable. Ce qu'on pense du monde dépend donc de ce qu'on en ressent. On ne peut pas forcer quelqu'un à voir la vie à notre manière. Nous n'avons pas les mêmes goûts non plus. Pour nous, nos expériences sensorielles sont normales. Peut-être que c'est nous qui voyons le monde comme il l'est réellement, mais on ne vous impose rien; et vous ne nous avez pas demandé notre avis avant de nous imposer votre seuil de tolérance à vous, qui diffère tellement du nôtre. Percevez à travers nos sens et vous allez tout comprendre.

Si ça va si mal que ça dans le monde, il y aurait sans doute une leçon à en tirer : il y a une raison à ce profond mal de vivre. Selon Thomas Szasz, psychiatre et professeur hongrois : « Il n'y a pas de troubles psychologiques, juste des problèmes propres à la vie. »

DES POINTS EN COMMUN

En lisant des livres qui ont été écrits par des personnes Asperger, je me suis aperçu à quel point je leur ressemble.

Je réagis à une impulsion négative d'une manière démesurée, je m'emporte facilement et pense rapidement au pire. Si quelqu'un me dit quelque chose qui semble être banal pour lui, j'aurai tendance à en faire une montagne : prendre un commentaire pour une critique. J'ai souvent l'impression que c'est la fin du monde.

Ça ne me dérange pas de manger la même chose à tous les matins pour déjeuner. J'ai été très déstabilisée quand ils ont décidé de changer les allées à l'épicerie où j'avais l'habitude d'aller au point que cela m'a enlevé ma capacité de bien voir. Je devais chercher mes produits et cela m'avait frustrée. J'étais si fâchée que j'ai failli partir, mais un commis est venu m'aider. Une chance, car sinon je n'y serais plus jamais retournée; je suis drastique à ce point.

Je suis très exigeante envers moi. Je continue ma « collection » de diplômes que j'étale à qui veut bien les voir sur le mur de notre salle à manger. On dirait que je me cherche encore et que je n'ai pas trouvé ma voie. J'ai continué mes études par correspondances avec un diplôme en phytotechnie et sol dont une spécialité en paysagement. Ensuite, ce sont les thérapies alternatives et la médecine douce qui m'ont attirée; alors j'ai entrepris une formation à distance en alimentation thérapeutique. Et maintenant, j'en fais une en herboristerie, donc en phytothérapie. J'aime faire des travaux de recherches, classer et organiser mes découvertes; et ce, jusqu'à ce que j'ai exploré à fond un sujet. Je suis très motivée et persévérante quand j'entreprends quelque chose que j'aime. Je ne fais pas les choses à moitié. Quelqu'un m'avait déjà dit ceci : « Tu vas jusqu'au bout des choses, et ça c'est une grande qualité ».

Nous sommes des personnes passionnées, ayant une grande expertise, mais avec des intérêts autres restreints. Nous pouvons être très forts dans certains domaines mais avoir des grandes lacunes dans d'autres.

J'empile les livres dans un coin de ma chambre; c'est mon endroit secret, mon coffre fort des savoirs, car personne d'autre que moi n'en connait aussi bien le contenu. Ça ressemble un peu aux provisions qu'un écureuil ferait. Malgré la quantité de bouquins, peu de choses m'intéressent réellement.

À l'université, je m'assoyais dans les premiers bancs comme je fais quand je vais au cinéma pour ne pas voir les gens en avant de moi; cela pourrait me distraire.

Je préfère magasiner tôt afin d'éviter les foules. J'ai un besoin constant d'être rassurée. Je suis souvent très désolée lorsqu'on m'apprend que j'ai manqué de jugement ou que mon comportement n'était pas approprié. Je ne peux pas m'en rendre compte ni reconnaître ma faute si j'ai commis une erreur. Je n'apprécie pas l'injustice ni le fait de m'attribuer par des reproches des intentions que je n'ai pas eues ou que l'on me mette des mots dans la bouche et je ne le supporte pas.

L'autre jour, une élève dit qu'elle ne venait plus me voir parce qu'elle percevait dans l'expression de mon visage qu'elle me dérangeait; alors que ce n'a jamais été le cas. J'ai été surprise, car j'aime ça quand un élève vient me voir, je suis là pour les aider et répondre à leurs questions. Est-ce que c'est elle qui m'a mal perçue et interprétée ? Le visage des Asperger demeure souvent neutre au point qu'on peut y attribuer ce qu'on désire y voir.

Faire des rituels a quelque chose de rassurant, de sécurisant. Des gestes stéréotypés ou répétitifs ont tendance à calmer nos angoisses. Il est difficile de sortir sans frustration d'un horaire d'activités précis. Nous n'aimons pas les imprévus ni les surprises, car c'est très déstabilisant et que ça demande une force rapide d'adaptation.

Je souffre parfois d'un trouble du sommeil avec des difficultés d'endormissement; les réveils nocturnes et matinaux sont fréquents.

Je peux parfois insulter quelqu'un sans le vouloir. J'ai déjà dit à des amis de mon conjoint qu'ils étaient une « catastrophe génétique » parce qu'ils n'ont pas voulu avoir d'enfants; cela les avait insultés; alors que pour moi, c'était un compliment. Les excuses sont pour moi superficielles, surtout si je ne comprends pas pourquoi je dois les dire ou en recevoir.

Les efforts fournis pour établir des contacts sociaux adéquats amènent un épuisement mental et physique, car cela me demande un état d'alerte constant. J'arrive à nouer des relations, mais d'une manière maladroite; ça me rend mal à l'aise de ne pas savoir quoi dire ou quoi faire, comment et pourquoi.

Lorsqu'on me demande des informations ou lorsque je complète un dossier, j'ai tendance à donner trop de détails et de donner trop de renseignements. Soit que je ne sais pas différencier ce qui est important de ce qui ne l'est pas; ou bien, par soucis de plaire, je veux toujours faire plus. J'ai le sens de l'initiative. L'autre jour, mon directeur me dit que je fais un très bon suivi des élèves; alors je me suis sentie encouragée, mais par la suite, il m'a reproché que j'en faisais trop.

Un trouble de coordination crée des problèmes dans la motricité fine et globale; par exemple, j'ai une mauvaise calligraphie; au point qu'on m'a souvent taquinée en me disant que j'aurai dû être médecin puisqu'il était parfois difficile de déchiffrer ce qu'il y a d'inscrit sur les prescriptions lorsqu'ils les remplissaient à la main. On m'a déjà retourné un chèque, car on n'arrivait pas à lire ce qui était écrit dessus. Je n'ai pas pu travailler longtemps dans un restaurant, car le livreur ne comprenait pas les adresses que j'écrivais. Une intoxication au mercure rend difficile la coordination œil-main. En plus, j'avais tenu une pizza dans un carton sur le côté presqu'en dessous du bras. Je ne réfléchis pas toujours avant de faire quelque chose : il y a des choses auxquelles je ne pense pas et j'ai tendance à agir sur un coup de tête. Je n'ai jamais donné un préavis de deux semaines avant de quitter un emploi, je n'en voyais pas la nécessité, car quand je décide quelque chose, rien ne peut m'arrêter, même pas les conventions sociales. Si je n'ai pas d'intérêt à faire quelque chose, je ne le fais pas : rendre service à quelqu'un doit m'apporter quelque chose telle qu'une gratification valorisante.

Exprimer mes sentiments est pénible, car je ne reconnais pas nécessairement mes émotions et je peux le faire d'une manière inappropriée ou disproportionnée. Je parle parfois de moi à la troisième personne du singulier comme si j'étais une entité à part. Je vais dire : « Maman veut telle chose » au lieu d'utiliser le « je ». Mes phrases vont contenir un vocabulaire riche qui, pour les autres, n'a pas toujours de sens. Je peux très bien m'épuiser dans des recherches en profondeur, mais qui ne m'arrêteront pas, c'est l'une de mes grandes forces. Je suis capable d'être autodidacte. Développer des connaissances compense, en quelques sortes, mes déficits sociaux.

Nous pouvons devenir obsédés par Internet pour garder un contact avec des gens tout en évitant les interactions sociales en personne; ce monde virtuel nous permet de vivre des expériences dans un univers différent et de garder contact avec le monde extérieur. Nous n'avons pas besoin de « dealer » avec le non verbal.

Les attentes des autres à mon égard ne sont pas toujours claires et j'ai tendance à exécuter à la lettre une recommandation sans y mettre de bémol, car même le sens de certains mots peut être affecté. Les consignes doivent être claires et dépourvues de sous-entendus. Si quelqu'un me demande si je plante des clous quand je suis fatiguée; je risque de répondre « non je préfère me reposer ». Ou bien si quelqu'un me dit que sa vie va nul part, je lui conseillerais de prendre le métro. (c'est peut-être exagéré un peu, mais c'est presque comme ça) Il n'est pas toujours facile pour moi de comprendre l'ironie ou le sarcasme. J'ai assez à lire les lettres sans tenter de deviner ce qui se cache derrière les mots. Je n'ai pas non plus de zone grise : c'est noir ou blanc, et ce serait la raison pour laquelle je réagis souvent à l'extrême. Le besoin de faire un choix n'est pas toujours ressenti ; ce qui fait en sorte que je peux avoir de la misère, par exemple, à respecter un budget. S'enrichir pour moi n'est pas une priorité.

Malgré mon parcours scolaires, malgré mes années d'expérience et ma permanence nouvellement accordée, malgré mes nombreux exploits dont les rôles que j'ai eus dans des films, malgré les prix et les concours que j'ai remportés, malgré mes quatre premiers livres publiés dont deux ont eu des échos dans les médias, malgré le fait que j'ai une belle maison, un beau terrain, deux voitures payées, une bonne job, un bon mari et deux merveilleux enfants, malgré tous les voyages que j'ai faits un peu partout dans d'autres pays, je n'arrive pas à connaître le bonheur ni à me sentir fière, ni avoir confiance en moi ni ressentir l'estime de soi, l'amour de soi; on dirait que ce sont des émotions que je ne suis pas capable de ressentir peu importe ce que j'accomplirais. Je dois faire le deuil de ne jamais avoir accès au bonheur ni à la fierté. J'ai passé ma vie à chercher le bonheur sans jamais le trouver. J'ai toujours été bonne à faire semblant. Aujourd'hui, je sais que je ne serais jamais heureuse peu importe ce qui m'arrive, car je n'y ai pas accès à l'intérieur de moi. C'est une émotion, qui chez moi, ne reste pas à long terme. Je ressens toujours un vide qui ne sera jamais comblé peu importe ce que je fais ou ce qui m'arrive. Je suis trop exigeante, je veux toujours faire et avoir plus. Je n'arrive pas à me contenter de ce que j'ai. Lorsqu'on me demande comment je vais, je réponds parfois que je ne le sais même pas. J'ai eu de la misère à savoir quoi écrire à mon sujet concernant la description de l'auteure pour la quatrième de couverture. J'ai dû lire certains livres afin de mieux comprendre comment le syndrome m'affecte pour réussir à faire des liens avec moi.

Je connais tellement bien le Syndrome d'Asperger maintenant, que je suis même capable de le détecter chez d'autres personnes. Ça fait deux ans que je suis certaine qu'il y a au moins 4 élèves dans ma classe qui le sont; et en plus, ils ne le savent même pas. Ils sont si anxieux et peu motivés, car ils ont de la misère à démarrer une tâche. Certains semblent ne même pas avoir conscience des autres autour d'eux et ne pensent qu'à eux; ils ne se rendent pas compte qu'ils dérangent. Pour la plupart, le système scolaire et la méthode d'apprentissage imposée aux jeunes adultes ne leur conviennent tout simplement pas; raison de leur perte d'intérêt.

J'ai un élève aux adultes que ça fait longtemps que je connais et il n'arrive pas à avancer. Il n'est pas capable de bien comprendre le sens des questions et, par le fait même, ne peut pas trouver la réponse : c'est évident. Lorsqu'il lit un texte, il ne sait pas ce qui y est d'important. Il ne voit pas l'utilité de lire ou de faire un texte sur un sujet qui ne l'intéresse pas. Il aime les plantes et la peinture. Si on inversait les rôles et qu'on lui demandait de confectionner un examen avec questions et réponses sur un sujet de son choix, il sera enthousiasmé et il sera possible d'évaluer ses compétences. Il souffre d'une grande anxiété et il n'est pas capable de supporter le stress qu'exerce sur lui un examen. Quand les autres sont trop bruyants, il doit sortir de la classe, il a de gros maux de tête. Il est extrêmement intelligent : il a un vocabulaire riche. Je suis la seule à savoir qu'il est Asperger, lui-même ne le sait pas et il ne veut pas le savoir, il n'a pas voulu que je lui dise, car il ne veut pas se voir coller une étiquette. Les médecins, psychiatres, psychologues, conseillers en orientation ne le comprennent pas. Il ne sait pas ce qu'il voudrait faire plus tard (faire ce qu'il aime ou ce que la société veut?), donc ses apprentissages actuels ne font pas de sens pour lui et il vit beaucoup de contradictions. Je trouve cela très dommage que son potentiel ne soit pas exploité. De plus, son père s'est suicidé il y a peu de temps et je suis très inquiète pour lui.

J'ai déjà fait des crises d'épilepsie, mais c'était à cause d'une posologie trop élevée d'un antidépresseur que je prenais. Avec des tests, ils n'ont jamais trouvé de foyers épileptiques; donc ce serait vraiment les effets secondaires du médicament. Cependant il y a certaines personnes autistes qui ont tendance à faire des convulsions. Sauf qu'en retour, j'ai d'excellents réflexes, je peux empêcher la chute d'un objet qui tombe, mais je ne peux pas m'empêcher de sombrer dans le désespoir.

Les adultes Asperger sont capables de s'exprimer verbalement et d'entretenir une conversation intelligente et respectueuse, de réfléchir, d'analyser, de faire de hautes études, d'avoir une vie de couple, de fonder une famille et de mener une carrière avec succès; donc avoir une vie normale. Une curiosité naturelle les amène à devenir experts dans quelque chose qui les intéresse. Ils sont souvent plus performants et méticuleux que les autres au travail; ce qui fait d'eux des employés convoités chez les employeurs qui aiment l'ordre et la précision, donc les personnes loyales et ponctuelles. Certains patrons aimeraient bien n'avoir que des personnes Asperger. Pour certains, il est difficile de trouver et de garder un emploi approprié à la hauteur de leurs compétences et qualifications.

Il est difficile de participer aux réunions et aux activités de groupe, nous savons que nous ne serions pas à l'aise. On exprime souvent notre besoin d'être seul. L'impression de faire partie d'une équipe et d'une famille n'est pas présente et en même temps, nous sommes très sensibles et susceptibles. On ne ressent pas l'admiration des autres ni leurs sentiments envers nous, ce qui peut nous laisser croire qu'on est sans intérêt pour eux ou qu'eux le sont pour nous. C'est un problème de détection et d'expression. Se faire et garder des amitiés n'est pas notre point fort et exercer un mutisme sélectif est souvent ce qui nous sécurise le plus dans nos choix de relations. Nous avons appris à regarder dans les yeux, bien que cela demande un effort soutenu. On ne peut pas se concentrer sur plusieurs choses à la fois et si on s'obstine à garder un contact visuel, il y a des informations verbales qui peuvent nous échapper. On doit prendre des pauses en regardant autour du visage, regarder les lèvres et reprendre le contact visuel à l'occasion; donc on réussit à mettre en place des stratégies de contournement. Mais s'il vous plaît, les éducatrices, arrêtez de demander aux enfants autistes de vous regarder dans les yeux lorsque vous leur parler, c'est souffrant et contraignant pour eux. Vous vous souvenez de la chanson dans les années 70 « Body Language » dont certaines paroles étaient « snakes in your eyes » (Je vois des serpents dans tes yeux). Regarder dans les yeux nous fait voir toute la beauté ou la laideur de l'âme : dans les deux cas, ça fait mal. Si on ne vous regarde pas dans les yeux, ce n'est pas parce qu'on est en train de mentir ou qu'on ne donne pas d'importance à ce que vous dites. Il y a trop d'informations à traiter et c'est souffrant pour nous.

On ne comprend pas toujours pourquoi on devrait ressentir telle émotion dans telle situation. On ne sait pas reconnaître toutes les émotions des autres ni les nôtres; ou bien, on ne sait pas comment bien les montrer et nos expressions faciales peuvent nous trahir. C'est encore plus dur quand les gens portent des masques, qu'ils nous font croire qu'ils sont joyeux alors qu'ils cachent de la tristesse. On ne peut exprimer et reconnaître que de 7 à 9 émotions sur 67 bien qu'il puisse en exister jusqu'à 75; il y a peu de nuances pour nous. On a donc une déficience au niveau émotif; rien pour aider nos interactions sociales, car on n'utiliserait pas la même région de notre cerveau à ce niveau. Lorsque j'expliquais cela à ma fille de 12 ans, elle a inventé l'expression suivante, elle m'a dit : «Maman, tu es une daltonienne émotionnelle ». Wow! C'est exact. Je me demande bien où et comment elle a pu en arriver à cette conclusion. Elle est brillante.

On ne peut pas identifier convenablement ce qui peut nous perturber ni les raisons pour lesquelles des émotions telles que l'anxiété prennent autant d'ampleur en nous. Et, on n'a pas de contrôle dessus; c'est ce qui rend les choses compliquées. On se laisse facilement émerger par une sensation reçue, car on n'a pas d'amortisseur émotionnel. On agit d'une manière qui peut sembler bizarre aux yeux des autres, mais qui a du sens pour nous. On s'intéresse de manière passionnée à un ou des sujets en particulier. On manque de loisirs, car on préfère demeurer à la maison; c'est l'endroit où l'on se sent le mieux, car on peut ainsi garder un contrôle sur notre environnement et c'est comme si notre chez soi est une partie continue de nous. On a besoin d'une routine au quotidien autant chez soi qu'au travail. On se frustre si on nous empêche de faire quelque chose qu'on avait planifié telle qu'une réunion à l'improviste.

On manque d'habiletés sociales; ce qui cause, en nous, de la détresse. C'est un peu comme si on se retrouvait dans un pays étranger où l'on doit apprendre la langue et la coutume qui nous semble si étrangère qu'on croit ne pas être sur la même ou sur la bonne planète; ou bien, on se sent un peu comme un animal qui doit apprendre à respirer sous l'eau. On doit apprendre à faire du surf sans planche. On ne répond pas aux attentes des autres; du moins, c'est ce que l'on croit, car on se sent décalés de tout. C'est frustrant, perturbant et angoissant. S'adapter à tout est très exigeant pour nous. Rentrer dans le moule qu'on nous impose, c'est comme si on obligeait une personne obèse à entrer dans un costume de très petite taille; ça ne se fera pas sans déchirures. Pour se rapprocher de ce qui semble convenable, nos efforts finissent toujours par nous épuiser à plusieurs niveaux : mentalement et physiquement; de plus, personne ne les remarque. Tout ce que l'on fait n'est pas toujours apprécié à sa juste valeur, malgré notre bonne volonté.

La personne Asperger n'est pas raciste et elle n'a pas de préjugés. Parfois, elle a du mal à se considérer comme faisant partie d'un groupe. Le monde lui semble incompréhensible et désordonné. Elle est capable d'utiliser des jeux de rôle, pour compenser ses difficultés et parvenir à ses fins. Mon mari m'a souvent dit : « Si la vie te donne des citrons, fais-en de la limonade! » C'est ce que j'ai fait toute ma vie et ça a marché.

On ne reconnaît pas toujours l'élément déclencheur de notre état de fatigue. Nous sommes donc plus aptes aux « burn out » (épuisement professionnel) et aux dépressions. Nos réactions face à un état de crise sont étendues à l'extrême. Nous avons de la difficulté à nous endormir, car notre cerveau n'arrête jamais de fonctionner comme un hamster qui coure dans sa roulette. Même si les symptômes ne sont pas graves, leurs conséquences deviennent une cause de stress.

Nous sommes souvent aux prises à des remises en question qui relève de doutes intenses concernant nos capacités ; on ne sait plus si on a fait les bons choix professionnels ni ce qui nous intéresserait davantage. On désire faire encore mieux et plus pour servir l'humanité. On est régulièrement à la recherche de notre identité propre que malgré notre positivisme, c'est comme si on ne réussit pas à traverser l'océan autrement qu'en s'accrochant à une épave pour maintenir notre menton hors de l'eau afin de ne pas se noyer. Au moins, nous avons à l'intérieur de nous cette grande force : celle de ne pas lâcher. Il y a un problème aussi, c'est celui d'apprendre à lâcher prise; parfois, c'est nécessaire.

Parfois je semble ne pas savoir ce que je veux. Je change souvent d'idée, et à chaque fois, je suis persuadée que c'est la bonne. Avoir des routines et des rituels est une manière de me rassurer et de sentir que j'ai un certain contrôle sur ce qui m'entoure. Il y a deux autres ennemis auxquels je dois faire face mis à part l'ambivalence et le manque de confiance en moi: ce sont la dépression et l'anxiété contre lesquelles je dois toujours me battre. Une intervenante psychosociale m'a fait prendre conscience que les idées noires ont toujours fait partie de ma vie puisque j'en ai depuis que je suis toute petite, et que j'ai appris à vivre avec.

Le respect des règles et leur mise en vigueur par soi-même et les autres autour est important pour nous, car ça nous sécurise. Ça m'enrage quand je vois quelqu'un ne pas faire son stop en voiture que j'ai parfois le goût de leur courir et crier après.

Il n'y a pas de zone grise. On aime ou on n'aime pas : il n'y a pas d'ambiguïté. Une interprétation littérale demande aux gens d'être clairs, nets et précis envers nous et peu le savent. On ne capte pas les concepts abstraits ni les nuances ou variations. Il n'y a pas de sens caché, non plus, dans ce que l'on dit. Si on dit à quelqu'un que son chien est mort, ça ne veut pas dire qu'il n'a aucune chance, mais que son animal de compagnie est décédé.

APPRENDRE À VIVRE AVEC

Même si l'ambivalence serait ce qui a permis à certains chercheurs de faire des découvertes et que les grandes inventions seraient issues de nombreuses contradictions, vivre avec cette contrainte est complexe. Ce n'est pas tous les jours facile. Cependant nous sommes capables de relever nos peurs et échecs avec persévérance et succès.

Jusqu'à présent, nous avons réussi à survivre dans un monde qui nous paraît dur et cruel, mais nos efforts ont fini par nous épuiser. Les tâches non agréables demandent beaucoup plus d'organisation et de concentration que pour les autres personnes. Les gens ne se rendent pas compte des efforts que l'on faits et des difficultés auxquelles on doit faire face et demeurent tout aussi exigeants. On se fait accuser de choses auxquelles on ne comprend rien parfois. Souvent c'est nous qui vous trouvons bizarres. On ressent la pression autrement et on vit le stress différemment. On voudrait être capables de mieux faire, mais on se sent vulnérables et plein de défauts. Des gens voudront nous encourager et nous protéger, alors que d'autres nous maltraiteront et nous exploiteront. Nous sommes plus sensibles, alors on remarque des choses que les autres ne percevraient même pas. On ferait de très bons enquêteurs et détectives.

Certaines personnes Asperger vivent des expériences paranormales; on croirait qu'elles ont un sixième sens, c'est dû à leurs hypersensibilités sensorielles. Ça ne veut pas dire que ça vient de leur imagination ou d'hallucinations, car si la science n'a pas réussi à prouver certaines de ces choses, cela ne veut pas dire qu'elles n'existent pas. La science essaye d'expliquer même ce qu'elle ne comprend pas; alors c'est plus facile de dire que ça n'existe pas. Nous sommes connectés différemment avec le monde.

Ma mère est venue me dire aurevoir deux jours avant qu'on la trouve morte : j'avais été à la toilette au milieu de la nuit et j'avais senti fortement sa présence. J'ai vu un incendie et la manière dont il a commencé deux semaines avant que cela arrive lors d'un voyage astral ou j'aurai voyagé dans le temps et l'espace. Je sais que cela ne fait pas de sens pour vous; c'est juste que vous ne l'avez pas vécu. J'ai l'intuition qu'un chevreuil va traverser la route et que je dois ralentir; cela se produit. Une fois en voyage, j'avais dit que j'aimerai ça voir un ours en liberté dans la nature quelques secondes avant qu'un ours traverse la rue devant l'auto. Mais je peux vous assurer que je n'ai jamais vu ni rencontré d'ovnis; cela ne veut pas dire qu'ils n'existent pas ni que je n'y crois pas.

Ce ne sont pas nécessairement les autres qui nous rejettent, c'est nous qui nous en éloignons. On préfère vous observer de loin pour essayer de vous comprendre au lieu de se mêler à vos activités qui ne nous conviennent pas toujours. On sait de quoi le monde est fait et il ne nous plaît pas. Vous paraissez si incontrôlables, imprévisibles et parfois superficiels vous les neurotypiques. Vous vivez d'une manière si intense. Parfois, on a l'impression d'être invisibles et que les autres ne sont même pas conscients de notre présence, mais des fois cela nous plaît, car on arrive à se faufiler et à passer inaperçus.

Si on ne se mêle pas à une conversation, c'est par respect; on ne désire pas interrompre l'énergie qui circule entre vous. Même les personnes dites « normales » ne savent pas comment bien communiquer et cela cause des conflits autant à la maison qu'au travail. Vos longs discours nous étourdissent et on se perd dans les détails; après la troisième phrase, on ne vous écoute même plus, car on doit tenter d'assimiler vos diversions; converger le tout et aller au but précis; ce qui n'est pas toujours évident. On n'arrive pas à comprendre que des gens parlent alors qu'ils n'ont rien d'intéressant à dire. Parler pour ne rien dire ou pour avoir l'air intéressant alors qu'on ne l'est pas ne fait pas de sens pour nous. Aussi si les gens n'ont que des choses méchantes à dire, je préfère ne pas les entendre. Les toxines environnementales ne font pas juste polluer notre corps, mais les toxines verbales et gestuelles polluent notre cœur et notre âme aussi.

Le monde du théâtre est attirant car ces gens sont tolérants et ouverts à la diversité où les traits Asperger sont des avantages plus que des inconvénients. De grands acteurs sont Asperger, car ils réussissent très bien à faire le caméléon : prendre les couleurs des personnages.

Nous sommes des êtres solitaires, nous aimons passer du temps avec nous-mêmes, car ça nous permet de mettre de l'ordre dans notre vie. Rares sont les fois où on dira que c'est la faute des autres, car nous avons tendance à accepter les torts et à tout porter sur nos épaules jusqu'à ce que le poids nous écrase.

Une sensibilité au début de notre existence a fait en sorte qu'on se soit renfermés au fur et à mesure qu'on était maltraités et incompris; ce qui aurait donné une autre couleur à notre compassion et sympathie, sauf que ce n'est pas toutes les personnes autistes qui ont vécu des mauvaises expériences dans leur jeunesse. Peut-être que leur corps a perçu le bombardement vaccinal et pharmaceutique comme étant des attaques extérieures contre leur système immunitaire; ce qui les aurait mis en phase défensive et provoquer le besoin de se protéger. Le repli sur soi peut paraître comme un désir de ne pas faire partie de ce monde, de vouloir retourner dans le ventre de sa mère; les exigences sont trop grandes et on n'arrive pas à les surmonter; ou bien, comme j'ai déjà dit, on voit du danger là où il n'y en a pas.

On est entrés dans le moule que vous nous avez fait prendre; c'est-à-dire, notre propre carapace. À force de taper sur un clou qui ne veut pas s'enfoncer, il finit par plier en deux. Nous sommes comme des tortues qui se cachent dans leur maison, car le monde nous fait peur. Au lieu de se sentir en sécurité entouré d'individus, on se sent menacés. Il y a pourtant quelque chose qui a provoqué cela.

On semble ne pas savoir se défendre, car quand on nous parle méchamment, notre cerveau se bloque; on ne sait pas quoi répondre, toutes nos idées s'emmêlent dans notre tête surtout lorsqu'on se sent intimider. Une surcharge émotive enlève nos facultés verbales. On voudrait dire quelque chose, mais on ne sait pas comment. Le mutisme est une forme de paralysie : c'est comme un trouble au niveau des connections électriques cérébrales. Ça ne veut pas dire qu'on vous donne raison.

On doit pouvoir être capables de dénoncer toutes formes d'agressions, d'harcèlement et d'intimidation. On ne doit pas se sentir coupables d'avoir été victimes de profiteurs, et il faut garder la tête haute, mais on ne sait pas comment : ça ne vient pas avec un mode d'emploi. On ressent les choses d'une manière démesurée et amplifiée : un petit élément négatif prend toute la place; c'est probablement à cause de notre grande sensibilité, mais surtout parce qu'on n'a pas accès au potentiomètre. On a été branchés à l'envers, on aurait dû être programmés pour ne donner de l'importance qu'à ce qui est positif autour de nous et à pouvoir l'amplifier. On aurait besoin d'une armure ou d'un masque mais on ne pourra pas toujours s'en prévaloir, car son poids ou son épaisseur, à force d'accumulation, finira par nous écraser de toute façon. On a tous besoin d'être à l'écoute de nos propres besoins et pas juste répondre à ceux des autres. Si des gens ont toujours besoin de la présence et de la diversion des autres, c'est peut-être parce qu'ils ont peur d'entrer en contact avec leur intérieur. Pour nous, entrer en contact avec l'extérieur de soi nous rend anxieux, car on ne sait vraiment pas à quoi s'attendre.

Si la religion prend de la place dans nos vies, c'est une façon de refuser le monde et le mal, mais c'est aussi par besoin de demeurer connecté avec quelque chose de plus beau que ce qui existe. On a besoin de remplir ce trou vide à l'intérieur de nous. Nos pensées ressemblent beaucoup à celle d'un philosophe.

Certains seraient capables de recréer une recette chez eux après avoir deviné les ingrédients d'un plat mangé au restaurant tellement les sens du goût et de l'odorat peuvent être développés.

Nos tenues vestimentaires peuvent aller dans deux directions : on s'habille soit plus vieux ou plus jeune, le côté confort est plus important que l'apparence. Notre coiffure est simple, facile et pratique. Notre maquillage est léger, car on ne supporte pas toujours des épaisseurs de crèmes sur la peau. On n'aime pas les choses compliquées : tout doit être simple et clair.

Les femmes se voient plus avec un marteau et une hache dans les mains qu'une cuillère dans une et une casserole dans l'autre : c'est notre petit côté « androgyne ». Je ne me perçois pas dans des rôles de femme. Certaines vont aimer les chemises d'homme comme moi et personnellement, je préfère aller couper et fendre du bois que de faire la vaisselle et la cuisine.

On peut paraître jeunes et immatures. Les raisons pour lesquelles on a l'air plus jeune, ce serait parce qu'on n'a pas le même tonus musculaire et nous avons moins de rides, car nous ne crispons pas notre visage étant donné qu'il y a des émotions qu'on ne peut pas ressentir ni exprimer. Le fait de paraître plus jeune que mon âge; je ne m'en plaints pas. Lorsqu'on semble agir comme un enfant, on ne fait pas ça pour attirer votre attention. On a de la misère à se définir; il est difficile pour nous de savoir qui on est vraiment. Ce qu'on ressent à l'intérieur de nous est si différent de ce qui se passe à l'extérieur. De plus, la joie, aussi courte soit-elle, va prendre une ampleur démesurée aussi.

Nous aimons la présence des animaux, cela brise notre solitude. De plus, on peut leur faire confiance, car eux ne nous laisseront jamais tomber : ils sont loyaux, fidèles, honnêtes, tolérants et intègres. On n'a pas besoin de parler pour se comprendre; alors, il y a moins de confusion. Ils sont d'une simplicité; alors que vous êtes si compliqués, vous les humains « normaux ».

Si nous sommes prêts à rendre service ou à donner un cadeau à quelqu'un que l'on vient juste de connaître; ce n'est pas par naïveté, c'est une manière pour nous de montrer que l'on désire établir un contact à plus long terme parce qu'on a bien aimé les premiers moments. Si vous nous posez une question, on vous donnera beaucoup plus d'informations que ce que vous souhaitez recevoir, mais nous ferons aussi beaucoup plus que ce que vous nous demandez, car nous avons le sens de l'initiative et nous avons aussi le désir de plaire.

On a l'impression de passer notre vie en déséquilibre sur un fil de fer. Nos crises de larmes nous permettent de faire le vide d'ondes négatives lors d'un trop plein, vous n'y êtes parfois pour rien. Ça ne prend qu'une goutte d'eau pour faire déborder un vase. Une surcharge sensorielle arrive lorsque nos sens sont malmenés. Notre énergie est bloquée. C'est comme si notre instrument était désaccordé. C'est souvent suivi d'un effondrement où l'on se sent vidés émotionnellement, physiquement et mentalement. Il est difficile de se ressaisir avant de toucher le fond dans des situations critiques; on fait une véritable descente aux enfers, on tombe dans le vide en chute libre sans parachute, et rien ne peut nous arrêter. Nous avons besoin d'un endroit et d'un moment pour nous retrouver, nous rebâtir; c'est la même chose que de devoir mettre les batteries dans le chargeur; ou encore, de vider le réfrigérateur des aliments périmés. Il y a une différence entre vouloir quelque chose et être capable de le faire, d'avoir les bons outils et de s'avoir comment s'en servir. L'inadéquation fait partie de nous dans bien des domaines de la vie privée et professionnelle.

La dépression peut provenir d'un sentiment d'impuissance à satisfaire un besoin ou suite à un excès de colère refoulée ou de frustrations accumulées ou suite à une pression sociale où nos efforts n'ont pas suffi et qui causent un désespoir. Parfois, ce sont les autres qui exercent trop d'influence sur nous; ou bien, c'est suite à une injustice telle que des propos non fondés ou jugements non justifiés. Si la dépression est présente, c'est à cause d'un problème dans notre vie que la médication ne règlera pas, bien que ça puisse nous donner la force d'en reconnaître la cause. Lorsqu'on est en période sombre, notre pouvoir nous échappe, notre vision des choses est altérée puisqu'on voit tout en noir et ce n'est surtout pas le bon moment de prendre une décision, ni de passer à l'action. Vouloir mourir c'est pour se débarrasser d'une souffrance qui devient intolérable. Voici un proverbe qui m'a marqué et auquel il faut repenser et m'accrocher lorsque des idées noires surviennent : « Le suicide est un acte permanent à un problème temporaire! » Même s'il est impossible de croire qu'une solution existe quand nous sommes dans un état dépressif et de découragement, il faut s'accrocher à l'espoir que cette solution sera visible pour nous une fois nos idées plus claires. À la moindre contrariété, c'est à la solution la plus drastique à laquelle je pense souvent. Ma thérapeute me répète souvent : « Tolérance à la détresse! »

L'automutilation est un moyen pour nous de changer le mal de place; transformer la douleur morale en douleur physique. Lors d'une chicane intense, un partenaire peut même vouloir ou « devoir » se donner des coups de tête sur le mur quand l'émotion est trop forte, cela l'aide à redescendre et à retrouver ses esprits. Pour vous, c'est mal, mais pour lui, ça lui fait du bien, car ça lui permet de se reconnecter avec la réalité. À un moment donnée quand j'enseignais au primaire, un élève de cinquième année se servait du couvercle de son pupitre en bois pour se donner des coups sur la tête avec.

Il n'y a pas vraiment de saute d'humeur bien que, pour vous, elle semble arriver soudainement de nulle part. Nous ne savons pas comment gérer ni exprimer notre détresse. Le volcan en éruption était là, c'est juste que vous ne l'avez pas vu ni senti venir. On vous envoie des signes qui ne sont pas toujours appropriés à votre compréhension, car le non-verbal n'est pas, non plus, notre meilleur moyen d'expression. On devient furieux aussi lorsque notre cerveau est saturé d'informations de toutes les sortes et qu'il n'arrive plus à les gérer. « Trop c'est trop! » On est plus capable d'en prendre. Lorsqu'on est déjà pris dans le courant, il est impossible de venir sur la berge même en nageant de toutes nos forces pour prendre un recul; on est emportés par nos émotions et parfois, on est pris dans un tourbillon. Ce n'est pas possible pour nous de mettre le bouton à «off » ni même sur « pause » pour prendre un recul afin d'analyser la situation de loin. Lorsque la vapeur sort, on a l'impression que c'est par toutes les cellules de notre corps. Il est impossible pour nous, à ce moment-là de se calmer, car la pression doit sortir; et tant que ce n'est pas fait, rien d'autre ne pourra entrer. « Il faut laisser la poussière retomber », comme le dit si bien un proverbe. Et nous donner le temps que ça prendra pour décompresser.

Nous pouvons dans certains cas couper les ponts et mettre un terme temporaire ou permanent à certaines relations d'une manière drastique qui peut surprendre lorsque la situation devient insupportable pour nous. De plus, cela nous donne la sensation d'avoir le contrôle sur quelque chose. Nous utilisons souvent l'expression « Faire un ménage s'impose! » quand on sent qu'il y a plein de parasites autour de nous. Sur le coup, on croit pleinement que c'est mieux ainsi, mais souvent, on le regrette par la suite, car parfois cette rupture peut être destructive pour les deux côtés et difficile à rétablir sauf dans un futur parfois un peu trop lointain. On croit avoir une certaine intuition; par exemple, démissionner avant de se faire congédier; ou bien, rompre, avant que ce soit l'autre qui nous laisse. Toujours vouloir, peut-être, se protéger ainsi d'un danger imminent qui n'est pas nécessairement réel, mais juste probable.

J'adore me retrouver dans la nature. Je trouve les arbres magnifiques; parfois j'en prends un dans mes bras et je le serre fort pour sentir son énergie. J'ai peut-être l'air folle si un voisin me voyait faire, mais je m'en fous. Je suis fascinée par les tempêtes hivernales et j'aime les orages; au point qu'en été, je sors dehors sur la galerie pour contempler les éclairs et savourer le grondement du tonnerre : j'aime l'énergie qui en ressort. Je déteste les bruits inutiles. Je me sens agressée juste par la sonnerie du téléphone. Je me demande toujours ce qu'on me veut encore.

Un collègue de travail m'avait mentionné qu'il aimait travailler avec moi, car il appréciait le fait que je ne parlais pas tout le temps comme l'autre et que je lui adressais la parole seulement s'il me demandait quelque chose; au point qu'il aurait aimé que je prenne le même poste l'année suivante. Si je peux apporter la tranquillité d'esprit aux gens autour de moi parce que je ne m'impose pas; tant mieux. Je ne les agresse pas; c'est bon signe. Le mutisme que j'exerce peut me donner des airs de prétentieuse, alors que je ne le suis pas : en évitant les contacts, j'évite ainsi les malentendus.

Pendant longtemps, mes meilleurs amis étaient un couple d'hommes. Il n'y a pas de meilleurs amis pour une femme que des homosexuels mâles; au moins, avec eux l'amitié est sincère, ils n'ont pas de mauvaises idées en arrière de la tête, sauf que je n'aimais pas ça lorsqu'ils me forçaient à aller à quelque part avec eux.

La cyber-amitié nous suffit parfois. C'est bien d'avoir des contacts avec des gens sans avoir à les voir; comme ça on les prend au sens littéral et on n'a pas besoin d'analyser leurs expressions. J'aime écrire, car je trouve que j'ai plus de facilité à communiquer ainsi. Il y a sans doute beaucoup d'écrivains parmi les personnes Asperger.

Il y a-t-il quelque choses de mal de n'avoir rien en commun avec les personnes de mon âge? Je les trouve ennuyeuses. Je préfère me rouler dans la neige avec mes chiens que de parler de politique.

Je vais toujours jusqu'au bout de ce que j'entreprends. Avant d'abandonner, j'aurais déjà tout essayé. Je dois toujours terminer ce que j'entreprends; par exemple, je vais emballer, « déménager », laver, décorer et tout ranger la même journée ou sur deux jours avant de pouvoir m'endormir. Quand j'ai quelque chose en tête, je ne l'ai pas ailleurs. Serait-ce une forme de rigidité ou de persévérance? Je n'arrive pas à m'arrêter : les lumières rouges ne s'allument pas. Sauf sur la route. ☺

Les autres ne semblent pas apprendre de leurs erreurs. Moi, pour ne pas perdre mes clés, les oublier dans la voiture ou les chercher tout le temps lorsque j'en ai besoin et que je suis pressée, je les ai attachées après ma sacoche avec un long fil élastique. Même quand je les échappe par terre, je n'ai même pas besoin de me pencher pour les ramasser. Ce n'est pas une grosse invention, mais je me trouve ingénieuse quand même si je me compare à ceux qui doivent briser une vitre pour entrer ou qui perde un temps fou à chercher après; cela me fait sourire.

Je ne suis pas toujours capable de faire des compromis. Je sais que je suis plus à risque de me fâcher pour rien si je consomme des glucides. Je supporte très mal l'alcool, ça me rend euphorique puis agressive et insomniaque comme le sucre. Quand je me permets de prendre un dessert, j'avise mes enfants que je vais aller me coucher tôt pour éviter d'avoir une saute d'humeur, de péter ma coche comme on dit; et croyez-moi, ils l'apprécient. Ça ressemble aux surcharges suivis d'un effondrement. Donc, l'alimentation nous affecterait bien plus qu'on ne le pense. Le sucre est considéré comme une drogue : le désir croit avec l'usage, et ce n'est pas bon pour les levures intestinales qui dégagent des neurotoxines quand on les nourrit avec ce qu'elles préfèrent.

FAIRE FACE AUX EFFONDREMENTS

L'été dernier était une période pénible. Bien que je me sentais libérée grâce à ma séparation conjugale; ce fut un choc pour moi, quand mon mari a demandé la garde partagée des enfants. Je ne pouvais pas concevoir vivre sans eux, ni passer une semaine sans les voir. Ils sont ma raison d'être. De plus, malgré notre séparation, il continuait de demeurer avec moi; alors j'avais de l'aide, mais quand j'ai su qu'il s'était acheté un chalet à une heure de route de distance, j'ai eu peur de ne pas être capable de retrouver mon autonomie et ma dépendance. Me sentir en déséquilibre sur le bord du précipice est très paniquant : je venais de perdre mon équilibre. Lorsque je tombe dans le vide, il n'y a pas de freins non plus; alors je peux très mal m'imaginer qu'un filet puisse m'attraper avant que je touche le fond comme au cirque ou que je pourrais rebondir comme sur un trampoline et retomber sur mes pattes comme un chat. Alors je me suis retrouvée en psychiatrie à l'hôpital avec une dépression et des idées suicidaires; ils m'ont gardé 2 jours et 1 nuit. Une intervenante sociale m'avait conseillé de tenir tête aux menaces et aux chantages de mon mari, mais il fallait que je trouve une solution pour que les enfants restent avec moi et que je retrouve mon équilibre; alors j'avais pensé moi aussi à une réconciliation, car la situation était difficile également pour lui. La vie est beaucoup plus facile à deux. Ça va me prendre quelqu'un pour prendre soin de moi quand je vais devenir plus vieille, car d'autres symptômes surgiront peut-être et d'autres deviendront pires. Qui sait? Et le bonheur de mes enfants est presque tout ce qui compte réellement pour moi en ce moment.

Lorsque j'y repense encore aujourd'hui, je suis inquiète de ce que sera mon état d'âme lorsque mes enfants seront grands et qu'ils quitteront la maison. Je suis certaine que je devrais faire face à un autre effondrement. Ce sera comme vivre un deuil. Ils m'ont promis qu'ils allaient le faire d'une manière progressive et qu'ils allaient souvent venir me voir au début.

Cette année, j'ai été obligée de prendre un poste qui ne me convenait pas, car c'était le seul qui restait et qui me permettait, de par son pourcentage de tâche, d'obtenir enfin ma permanence après 11 années d'enseignement aux adultes et qui me donnait une sécurité d'emploi et de revenus. J'étais donc obligée de prendre le dernier poste à 100% qui restait; celui que personne d'autre ne voulait. Ce qui était particulier dans ce contrat, c'était d'avoir un horaire à 125 % de tâche pour les trois mois les plus pénibles de l'hiver; ensuite, ça diminuait après la semaine de relâche scolaire: les heures étaient réparties différemment. Cela serait lourd pour une personne neurotypique dite « normale »; alors imaginez comment cela était dur pour moi...le sur-ménage.

Je devais aller dans deux pavillons extérieurs; là où la clientèle est la plus difficile et là où il n'y a pas beaucoup de support pour les élèves ni pour les enseignants. J'avais donc deux groupes; ce qui faisait plus d'examens à corriger et puisque j'avais surtout des secondaires 3 à 5; les textes et autres évaluations étaient encore plus longs. Alors imaginez le temps que ça me prenait, moi qui devait réviser mes premières corrections 2 fois.

En plein début d'année, la conseillère en orientation envoie un courriel à la direction en mentionnant qu'il y avait une incompatibilité entre moi et une élève qui demandait un changement d'horaire. J'en avais été scandalisée. J'ai demandé à mes collègues s'ils avaient entendu quelque chose au sujet de cette élève, car je m'entendais très bien avec elle et ils n'avaient rien remarqué. Je leur avais même fait lire ce courriel pour être certaine qu'ils y voyaient la même chose que moi et eux aussi n'en revenait tout simplement pas. J'ai demandé à l'élève ce qu'elle avait contre moi et elle était toute surprise de ma question; la raison de sa demande de changement d'horaire était parce qu'elle travaillait mieux le matin étant plus capable de se concentrer. J'ai alors envoyé un courriel à la conseillère en orientation en question et à ma direction demandant des explications et des excuses. J'ai reçu comme réponse que tout n'est qu'une question de « perception et d'interprétation »; ce que moi j'appelle plutôt avoir des préjugés envers quelqu'un. Ce fut quand même un coup dur au commencement d'une nouvelle année scolaire; surtout que j'ai tendance à dramatiser. C'était quand même comme si j'avais commencé l'année avec une claque en pleine face. Ça fait deux années scolaires de suite que je commence avec des ondes négatives, et il est difficile pour moi de faire semblant de rien et de passer à autre chose.

De plus, l'un de ces centres était aussi celui de l'histoire concernant la fameuse feuille de pot et des nombreuses révisons de note; alors ma réputation me précédait déjà étant donné que les jeunes se connaissent tous dans ces régions et qu'ils communiquent entre eux rapidement à l'aide de leur cellulaire. Je m'étais pourtant préparée mentalement. Je savais que ça allait être difficile au début et j'avais essayé de me faire une carapace et de porter une armure. Il fallait que je reconstruise mon image, mais les jeunes ne m'en ont même pas donné la chance. Ils ne me faisaient pas confiance et ils essayaient constamment de me prendre à défaut. La direction était tannée des demandes de révision de note. Il y avait un élève que la correctrice lui aurait attribué 10 % en moins que le résultat que je lui avais donné. Au moins, ce n'était pas une différence de 30 % et je ne l'avais donc pas fait couler pour rien. La direction leur a mentionné à tous que j'étais plus généreuse dans mes corrections que la plupart des autres enseignants en français et qu'ils devaient arrêter de se plaindre. Bon, enfin! Un peu de reconnaissance et de support me fit du bien.

Sauf qu'en début d'année, la même direction de ce centre nous avait demandé de tolérer une élève qui avait de gros problèmes psychiatriques. Cette élève perturbait la classe et cherchait la confrontation constamment; mais je n'avais pas le droit de réagir et encore moins de la mettre dehors. Ensuite la direction me rencontre pour me dire qu'il faut que je m'affirme plus et que j'aie confiance en moi, car j'étais supposément en train de perdre le contrôle de la classe. J'étais confuse, car je ne comprenais pas ses contradictions. Alors, j'ai suivi ses instructions et j'ai donné une demande d'amélioration à l'une de mes élèves qui était toujours sur son cellulaire, mais qui était aussi l'une des « leader » du groupe pour que cela serve d'exemple aux autres, alors celle-ci s'est révoltée et a monté tout le monde contre moi; alors on ne m'écoutait plus. Je venais de perdre ma crédibilité, ma dignité et mon intégrité. Je ne comprenais plus rien : il fallait tolérer une élève colérique, parano et hystérique, mais je devais être plus sévère avec les autres, sauf que quand je l'étais, ça me nuisait. Une autre forme d'injustice avec laquelle je n'étais pas à l'aise. J'étais dépassée par les événements; trop de contradictions qui entrent en confrontation avec mes convictions. Je suis de nouveau plongée dans le désespoir. Il faut que je sache clairement ce qu'on s'attend de moi, et il faut que les gens, qui me dictent quoi faire, sachent réellement ce qu'ils veulent aussi. J'ai reçu le coup de grâce quand l'élève perturbante s'était mise à m'engueuler comme du poisson pourri et me critiquer devant toute la classe un vendredi après-midi; ce fut la goutte qui fit déborder le vase, j'étais au bout de mon rouleau. Je n'étais plus capable d'en prendre. Un effondrement ressemble à un mur dont les briques tombent; alors à l'intérieur de moi, tout s'est brisé.

De plus, à la maison, mon mari me laissait voir qu'il manquait d'attention et d'affection, mais je ne pouvais pas lui en donner plus. J'étais toujours fatiguée, complètement épuisée, vidée. Je n'aime pas qu'on me fasse sentir inadéquate. Lorsque je suis saturée, tout se bloque en moi, et c'est comme si je n'arrivais plus à faire quoi que ce soit. Quand j'arrivais du travail, j'avais ma journée dans le corps. Et en plus, mes adolescents me chialaient après. Je me suis sentie « inadéquate » dans tout ce que je faisais. Je porte, à la fois, plusieurs chapeaux et je ne peux pas être une « supère woman » dans tout ce que je fais : être une mère parfaite, une épouse parfaite, une enseignante parfaite, ect. De l'inadéquation, j'en avais eu assez dans ma vie, je n'en voulais pas d'autre; c'est ce qui me fit plonger dans le vide. Je suis très exigeante envers moi-même, peut-être un peu trop. Je ne me donne pas le droit de commettre des erreurs. Lorsque je perds le contrôle sur les événements de ma vie, tout me glisse entre les mains comme de l'eau ou du sable.

Le directeur de l'autre centre, celui à qui j'avais fait confiance l'année dernière et celui qui m'avait supportée a commencé à me reprocher des choses qui ne me collaient absolument pas. L'année dernière, j'étais une enseignante exemplaire selon lui. J'avais même entendu au début de cette année scolaire-ci que je faisais une très bonne job. Comment se fait-il alors que je sois devenue aussi mauvaise en si peu de temps, du jour au lendemain? Il y avait un élève qui me cherchait tout le temps, qui dérangeait et entraînait les autres dans ses niaiseries; et lorsque j'intervenais, il jouait à la victime et il allait se plaindre soit à l'intervenante ou à la direction, celle-ci qui comme d'habitude ne venait qu'une demi- journée par semaine, lui donnait raison, car ses amis disaient comme lui. Ils lui faisaient croire que j'étais toujours sur son dos. C'est une chose que je ne suis pas capable de faire; voulant aider l'élève à progresser, celui-ci l'a perçu autrement. Cet élève me faisait même de l'intimidation : il se moquait de ce que je disais ou faisait en classe avec un de ses amis. Le directeur me rencontre et me demande de « prendre un recul ». Je lui dis que l'autre lui joue la comédie, mais il prétend être bon pour détecter ce genre de manipulation. Il me reproche aussi d'avoir été obligé de se déplacer cette journée-là pour régler ce conflit qui n'en n'était pas un pour moi. Pourquoi me ferait-on sentir coupable, alors qu'il s'agit de son travail? Je ne me sens pas être respectée ni appréciée à ma juste valeur. Encore une fois, je ne comprends pas le monde dans lequel je vis. Je perçois des détails que les autres ne voient pas et d'un autre côté, il y a des choses que les autres voient et qui m'échappent peut-être. Je ne vois pas l'ensemble des faits; ceux-ci sont morcelés.

Mais ce n'est pas tout. J'étais très bouleversée quand il m'a dit que ça allait très mal pour moi dans les deux centres, que je n'étais pas à la hauteur, qu'il en avait parlé avec l'autre direction. Est-ce que j'interprète mal ce qui m'est dit? La réalité m'échappe-t-elle? Est-ce aussi grave que cela en a l'air. J'ai demandé à mes collègues ce qu'ils en pensaient et s'ils avaient entendu parler de quelque chose, ils ne comprenaient pas non plus, car après les fêtes, les choses s'étaient replacées. Je suis encore plongée dans l'incertitude qui me fit souffrir psychologiquement : c'est une forme de cruauté mentale.

En plus, pendant les fêtes, j'avais fait aussi une dépression et des crises d'angoisse énorme, car juste avant de partir en vacances, j'avais chicané une élève parce qu'on m'avait justement demandé d'être plus sévère et j'avais appris que son père s'était présenté à l'école, une journée où je ne travaillais pas, une chance. Il était agressif et il voulait me tabasser parce que sa fille avait échoué 4 fois à un même examen, au point que les responsables sur place ont été obligés de le menacer d'appeler la police s'il ne sortait pas. J'ai passé deux semaines d'enfer à m'en faire; cela a gâché mes vacances de Noël. Je n'ai pas pu recharger mes batteries pendant ce temps. Mes crises d'anxiété me brûlent beaucoup d'énergie; elles prennent trop de place et je n'arrive pas à m'en débarrasser comme je le voudrais. Elles provoquent chez moi des maux de tête intenses. C'est bien beau de me dire que je m'en fais toujours pour rien, mais ça ne change rien à la situation.

L'Asperger n'arrive pas toujours à contrôler ses excès de colère : je me fâche facilement ou bien, j'aurai tendance à refouler mes émotions. Je suis vulnérable aux sautes d'humeur, car je peux me sentir rapidement envahi par une émotion où l'angoisse et la paranoïa peuvent l'emporter sur la raison. Sauf qu'au travail, je me retiens beaucoup; alors qu'à la maison, les membres de ma famille et mes chiens me servent un peu de « punching bag ». Il faut que je laisse sortir le méchant et la pression à quelque part et je ne le fais pas toujours au bon endroit ni envers les bonnes personnes ni de la bonne manière. Cette agressivité lorsqu'elle ne peut pas être exprimée est retournée vers soi; j'aurai tendance à me faire du mal. D'autres soigneront leur anxiété dans l'alcool, la drogue ou les médicaments. Une surcharge émotive est souvent suivie par un effondrement psychique; c'est comme si on faisait sauter un édifice : une fois la mèche allumée, la bombe explose et l'édifice s'effondre exactement comme l'attentat terroriste contre les tours jumelles à New York. Moi aussi, j'ai eu deux effondrements au même endroit et au même moment.

Je n'ai pas pu parler de tout mon désarroi aux personnes qui l'ont provoqué et fait apparaître. J'en ai fait une dépression qui m'a conduite à un arrêt de travail pour un « burn out » (épuisement professionnel). Je me levais le matin en pleurant, et je préférai mourir au lieu de retourner travailler. Encore une fois, les idées noires et les solutions extrêmes m'envahissent. Il n'y avait pas beaucoup de choix qui s'offraient à moi. « Prendre un recul », pour moi, ça voulait dire : démissionner avant de me faire congédier, attendre que quelque chose de mal arrive et me faire suspendre, m'enlever la vie ou me faire mettre en congé maladie. La dernière option me semblait la meilleure. Je suis partie de là afin de « sauver ma peau », ma dignité, mon intégrité et mon honneur. Je me sentais complètement démolie; j'étais tombée complètement en bas du précipice.

Comme devant un danger imminent, nos ancêtres avaient aussi eu le choix entre combattre, ne rien faire ou fuir. Cette fois-ci, j'ai choisi la fuite, car le combat ne m'aurait rien donné et m'aurai détruite davantage. Je n'avais plus la force de me battre. Je me suis donnée cette option afin que mes supérieurs se rendent compte que les problèmes continueront malgré mon départ pour qu'ils puissent prendre conscience que le problème n'était pas moi et que ce qui se passait n'était pas de ma faute.

Mon médecin, une femme, m'a diagnostiquée une dépression profonde (ou sévère) avec des signes physiques graves. En effet, je ne m'étais jamais sentie ainsi dans le passé et c'est assez effrayant comme sensation et image : il y avait un grand vide à l'intérieur de moi, un trou noir comme si je n'avais plus d'organes internes; je me sentais un peu comme une vieille carcasse qu'on venait de vider et de suspendre avant de la dépecer. Ce qui était le plus étrange, c'est que je me sentais flotter entre deux mondes : je ne faisais plus partie des vivants et je n'étais pas encore morte. Il en aurait fallu de peu pour que je bascule de l'autre côté. J'ai été chercher de l'aide professionnelle juste à temps. Être un bonhomme pendu au bout d'une corde ou une carcasse suspendue à un crochet au plafond, il n'y avait pas une grosse différence. Je me sentais comme un zombie. Quand je souhaite disparaître de ce monde, c'est comme si j'avais mal à l'âme et que celui-ci frappait partout à l'intérieur de moi cherchant une issue de secours; ce qui crée chez moi, le besoin de le libérer pour le soulager et m'apaiser. De plus, la douleur est physique également, j'ai mal partout. Il y a beaucoup de suicides chez les personnes autistes, car nous sommes « intolérants » à la souffrance et à la détresse psychologique, parce que ces émotions prennent plus d'ampleur que pour une personne normale et on n'arrive pas à les contrôler; nous ne pouvons pas appliquer les freins comme les gens neurotypiques le pourraient.

Une surcharge émotive est souvent suivie par un effondrement psychique et physique: manque d'énergie, grande fatigue, incapable de dormir, maux d'estomac et constipation. Les problèmes peuvent se résorber ou s'aggraver avec le temps, mais le stress les amplifie.

En plus, il m'a été extrêmement pénible de faire un deuil lorsque mon meilleur ami et parrain de ma fille s'est enlevé la vie l'hiver dernier en mars 2017. Faire le deuil pour un suicide d'une personne aussi proche et que je connaissais depuis 18 ans a créé chez moi beaucoup de culpabilité et de colère. C'était un « double » effondrement encore : fâché contre lui et contre moi; c'est comme si une fois après avoir tombée et être restée étendue par terre sans être capable de me relever, on me roulait dessus avec un bulldozer pour m'écraser davantage. J'étais moi-même en détresse, je n'ai pas vu qu'il l'était. Personne n'a vu cela venir et ça nous a tous pris par surprise. Nos émotions durent plus longtemps avec plus d'intensité. J'ai tellement pleuré et crié que j'en ai eu mal à la tête, à la gorge, aux muscles du ventre et aux côtes. En tout cas, j'avais de la sympathie pour lui, car je comprenais la souffrance qu'il a eue, puisque j'étais moi-même en dépression profonde. Sauf que j'avais remarqué une distorsion cognitive chez lui 3 mois avant qu'il passe à l'acte, car il croyait fermement que j'avais gardé contact avec son ex; et pour cela, il ne voulait plus me voir, ni me parler. Il n'avait pas le droit de m'en vouloir pour quelque chose, qui encore, je n'avais pas fait. Au lieu d'insister et de me défendre, j'ai respecté son choix, car je croyais qu'il se cherchait juste une excuse pour se débarrasser de moi. J'aurai dû me rendre compte de son désarroi et j'aurai dû lui montrer que je tenais à lui. Il avait commencé à se retirer du monde et à s'isoler. Lors des funérailles, j'étais inconsolable comparée aux autres. En déposant une fleur sur son cercueil, ma jambe gauche a glissé sur le tapis de faux gazon dans la fosse et pour ne pas tomber dans le fond du trou, je me suis tenue après le cercueil et un bloc de glace avant de pouvoir recevoir de l'aide. J'avais réussi à faire rire certaines personnes dont son conjoint en cette journée aussi triste. Cela me fait sourire aujourd'hui quand j'y pense encore. Je suis la seule à qui quelque chose comme ça pouvait arriver, car je suis «gaffeuse». Juste pour vous montrer à quel point je pense différemment des autres : normalement, les gens auraient considéré cela comme étant une invitation à aller le rejoindre; mais, moi, j'ai plutôt interprété cet événement cocasse comme étant un clin d'œil du défunt comme s'il avait voulu me jouer un tour; ou bien, c'était un avertissement comme quoi que je pouvais me retrouver dans la même situation que lui si je ne faisais pas attention; alors c'est ce qui m'a aidé à faire le deuil. Quand j'ai des idées noires, je me remets à penser à lui, il n'est pas mort pour rien. Je suis certaine que s'il avait la chance de pouvoir revenir, qu'il le ferait. Je m'étais agrippée au cercueil pour ne pas atteindre le fond du trou, donc je me suis accrochée à la vie.

Étant donné que je me force à voir le positif dans le négatif, je me suis rendu compte qu'un suicide fait énormément de tort aux autres, aux personnes qui restent et que jamais je ne voudrais faire subir cela aux gens qui m'entourent que j'aime et qui m'aiment; alors j'en ai fait la promesse solennelle à mon mari et à mes enfants.

Lors de mon congé, j'en ai profité pour lire sur ce sujet afin de me reconstruire et d'en connaître plus aussi concernant les autres supposées maladies mentales; c'est alors que j'ai réalisé que les patrons peuvent manquer de jugement aussi; ce sont des êtres humaines qui peuvent faire des erreurs. L'une des deux directions ne s'était pas aperçu que l'élève qui lui faisait gober ce qu'il voulait, répondait aux caractéristiques de schizophrénie étant donné que j'avais remarqué certains symptômes chez lui: il se sentait persécuté par moi; ce qui équivaut à de la paranoïa, il réussissait à manipuler tout le monde autour de lui. Pourtant, moi, j'ai vu clair dans son jeu et pas les autres. Il était charmeur et narcissique en plus; il se croyait invincible. Je perçois des détails, alors que d'autres s'en tiennent à la vue d'ensemble.

Je crois qu'il y a bien plus de gens autistes autour de nous qu'on le croirait puisqu'il y a des symptômes qui se ressemblent tellement avec des variables. Je pense aussi que les personnes haut placées devraient vérifier la crédibilité de la source d'informations avant d'entamer des actions; ils ne savent pas à quel point leurs paroles et actions peuvent avoir des répercussions graves. Ils n'ont pas réalisé que ce genre de critique pouvait me détruire complètement. Il faudrait que le personnel œuvrant dans les milieux scolaires se renseignent mieux concernant les troubles dans le spectre de l'autisme afin d'agir d'une manière qui soit profitable et agréable pour tout le monde.

Je suis dans une phase où je remets tout en question. Je me cherche, je ne sais plus qui je suis. Est-ce que je l'ai déjà su? Je doute de mes capacités. Il y a une différence entre ce que je veux et ce que je peux. Devrais-je quitter l'enseignement pour de bon ? Je suis malheureusement devenu esclave du revenu que cela m'apporte et j'ai pourtant de grandes qualités reliées à ce domaine. Je ne sais plus ce que j'aime et ce que je n'aime pas. Je désire tellement être parfaite que le moindre petit reproche prend des proportions irréelles. Je n'aime pas me sentir toute brisée à l'intérieur de moi comme un miroir qui a éclaté; au point d'avoir l'impression de devoir replacer et recoller les morceaux au bon endroit comme un casse-tête.

Ce qui me fait le plus de peine dans toute cette histoire, c'est que je dois faire face aux préjugés des gens maintenant. Je ne peux pas être responsable de tout ce qui ne fonctionne pas bien dans le système scolaire? Je regrette tellement, à quelque part, de le leur avoir dit que je suis Asperger. Mon syndrome ne peut pas être, à la fois, la cause et la solution à tous les problèmes; cela me fait porter un poids énorme sur mes épaules; ce qui crée de la pression et du stress. Je supporte très mal la pression.

Il y en a, parmi les personnes qui sont au courant de mon état, qui ont pitié de moi; ce que je n'ai pas besoin non plus; et d'autres qui, ne sachant pas comment agir, m'évitent encore plus. « Je ne suis pas une extraterrestre et je ne suis pas contagieuse! » Je n'ai jamais mordu qui que ce soit et je ne commencerais pas à le faire, je n'ai pas la rage ni la peste, je ne suis pas venimeuse non plus ☺. J'accepte le fait d'être Asperger. Je proclame haut et fort que « J'ai le « droit » d'être autiste! » J'ai le droit d'être différente et si les autres ne l'acceptent pas; ça ne m'appartient pas, c'est leur problème. Que tout le monde porte leur chapeau et accepte leurs torts; les gens ne peuvent pas toujours être responsables des erreurs des autres. Ce qui me dérange le plus c'est que mon diagnostic n'est pas juste venu confirmer mon manque de jugement à l'occasion, mais il affecte maintenant le jugement des autres, car je dois faire face à leurs préjugés et cela me fait énormément de peine. Ils ignorent tout de la bonne personne que je suis et je n'y peux rien puisque c'est leur choix.

LES FAUX DIAGNOSTICS

Il n'est pas toujours facile d'émettre le bon diagnostic, car plusieurs pathologies se ressemblent et sont souvent confondues. Certaines personnes errent d'une étiquette à l'autre tout au long de leur vie. La raison est que le système médical ne connait pas assez bien le syndrome d'Asperger et, par le fait même, ne peut pas le reconnaître; alors, il le confond avec d'autres supposées maladies mentales. Mais il ne faut pas généraliser, car comme dans tous les métiers ou carrières, il y en a des bons et des mauvais. Pendant des années, des gens ont passé à travers les mailles des évaluations et ont échappé ainsi à des reconnaissances qui auraient amélioré leur qualité de vie.

Sur une longue période, le syndrome prémenstruel avait été qualifié comme faisant partie des maladies psychiatriques; alors qu'il est reconnu aujourd'hui que les hormones ont un rôle à jouer au niveau des neurotransmetteurs en ce qui touche aux émotions dont les sautes d'humeur et la déprime. Si tout le monde se faisait évaluer en psychiatrie, il y aurait de fortes chances que les gens sortiraient tous avec une étiquette quelconque. Si vous avez de la peine suite à un deuil, on dira que vous êtes bipolaire; si vous aimez la propreté, on dira que vous êtes obsédé; si vous aimez vous contempler, on dira que vous êtes narcissique; si vous ressentez et exprimez de la colère, on dira de vous que vous êtes hystérique; et si vous avez peur, on dira que vous êtes paranoïaque. En 1980, il existait 50 troubles mentaux et aujourd'hui, ils seraient rendus à 400. Est-ce pour s'attribuer une clientèle fidèle ou pour contribuer aux profits des compagnies pharmaceutiques à travers les prescriptions de psychotropes et de neuroleptiques?

Les différences chez l'adulte sont plus difficilement reconnaissables et identifiables. Elles sont souvent confondues avec d'autres troubles psychiatriques : raison pour laquelle des thérapies ou traitements pharmaceutiques n'ont pas été efficaces et ont causé parfois plus de tort que de bien. Les diagnostics pour adultes sont encore peu développés et demeurent compliqués. Des critères tardifs n'apparaissent que plus tard chez l'adulte. Les manifestations demeurent subtiles chez certaines personnes. Parfois les difficultés augmentent avec le temps et des symptômes deviennent plus visibles en vieillissant. Une fois sur le marché du travail, les exigences sociales augmentent, ce qui fait qu'on se heurte à nos faiblesses. Le spectre est beaucoup plus large et étendu qu'on ne le croirait. Il pourrait y avoir beaucoup plus de personnes autistes que ce qu'on le pense. Je crois profondément que, si « moi » je suis Asperger, il y en a beaucoup qui le sont aussi et qui l'ignorent.

En plus, les appellations varient d'un pays à l'autre. Personne n'est sur la même longueur d'onde. Le même patient dans deux pays différents recevrait un diagnostic différent; il en serait de même, dans un même pays, s'il était évalué par deux personnes différentes. Ils s'en tiennent parfois trop à des critères rigides; sans souplesse. Ils ne prennent pas assez compte de l'historique du patient; ou bien, parfois ils s'en tiennent qu'à cela. Les carences affectives piègent souvent les médecins. Les comportements peuvent être issus de mauvaises expériences antérieures, mais ce n'est pas le seul facteur auquel on doit tenir compte. Le Dr. Laurent Mottron, psychiatre spécialiste dans le SA, affirme : « Les personnes avec le syndrome d'Asperger soumises à une hostilité objective développent des états de méfiance généraliste pouvant conduire à des actes hétéro-agressifs. Ceux-ci peuvent être confondus avec des syndromes de persécution entrant dans le cadre d'une personnalité schizoïde ou schizothymique. » L'anxiété et la paranoïa peuvent donc être issues de mauvaises expériences, mais ces symptômes sont classés dans la schizophrénie au lieu d'être considérés comme étant le résultat d'un choc post-traumatique.

Les Asperger sont souvent doués d'un talent exceptionnel avec une intelligence remarquable et parfois impressionnante parmi ceux chez qui on ne soupçonnerait rien d'anormal, car rien n'est perceptible; ce pourquoi le syndrome est qualifié d'un handicap invisible; bien qu'il ne soit pas question ici d'une déficience, mais plutôt d'une différence comme je l'ai déjà mentionné. Ce sont les compétences cognitives qui les font passer inaperçues. Des personnes sont de plus en plus nombreuses à découvrir cette facette de leur personnalité et à l'apprendre à l'âge adulte; alors que rien n'a été perçu durant l'enfance et l'adolescence. Nous avons passé des dizaines d'années dans l'ignorance de notre condition; ou encore, nous avons été victimes de faux diagnostics et de sur-médication.

Certains ont souffert d'autisme pendant plusieurs années avant d'être étiquetés avec ce trouble; ou bien, ils ont mal été diagnostiqués dans le passé et ont reçu des traitements comportementaux ou pharmaceutiques ne leur convenant pas et leur faisant parfois plus de mal que de bien. Le nombre d'Asperger augmente avec le vieillissement de la population; leur nombre a grandi chez les filles, les adolescentes et les femmes au cours des dernières années. Ont-elles toujours eu ce handicap ou est-il apparu comme une maladie qu'on attrape? Se pourrait-il qu'une bactérie intestinale en soit la cause? Le syndrome était difficilement dépistable, car les critères évalués avant dans les diagnostics touchaient davantage ce qu'on observait chez les garçons et les hommes. Les hommes seraient plus calmes et montreraient moins leurs émotions. Une problématique peut être identifiée qu'à l'adolescence ou à l'âge adulte. Les hormones y ont-elles un rôle à jouer?

En 40 ans, plusieurs personnes Asperger ont été diagnostiquées soit schizophrènes ou ayant un trouble de personnalité limite (Borderline). Selon le Dr. Mark Weiser, au sein d'une même famille, on peut retrouver de l'autisme, de la schizophrénie, des troubles bipolaires et des TDAH. Il y a de nombreux traits communs dont un dysfonctionnement social et cognitif, une diminution des capacités fonctionnelles.

Le syndrome d'Asperger a remplacé le terme de schizophrénie infantile au cours des années. Schizophrénie n'est pas un mauvais terme en soi, il veut dire : division de la pensée. Ceux qui présentaient une schizophrénie précoce avaient eu des antécédents de troubles envahissants du développement. Pendant plusieurs années, l'autisme avait été classé dans la catégorie des psychoses. Comment faire pour se retrouver dans autant de symptômes qui se ressemblent? Ils peuvent être épisodiques ou s'étendre sur une longue durée avec des intensités variables, entrecoupés de périodes parfois normales. Les troubles ne sont pas tous présents en même temps, non plus.

Chaque personne Asperger, étant atteinte d'une façon unique, ne possède pas tous les mêmes symptômes qui, eux, ne s'expriment pas, non plus, avec la même intensité ou amplitude au même moment. De plus, ils peuvent varier tout au long de l'existence.

Donc dans les deux cas (schizophrénie et Asperger) ce sont les mêmes aspects qui sont touchés dont les comportements, perceptions et traitements de l'information. Les émotions, relations et pensées sont les plus affectées; alors que l'intelligence n'est pas touchée. Ce qui est le plus flagrant c'est le repli sur soi et les sensibilités sensorielles qui ne seraient présentes que chez les gens faisant partie du spectre de l'autisme. Ce qui distingue le plus les deux, c'est qu'une personne schizophrène peut se croire supérieure à tout, c'est une manipulatrice qui blâme les autres, qui va avoir de la difficulté à reconnaître ce qui est réel de ce qui vient de son imagination ou d'une distorsion de la réalité; alors que la personne Asperger ne souffre pas d'un complexe de supériorité. Donc, je ne suis pas schizophrène et on ne m'a jamais diagnostiquée comme tel de toute façon.

Les personnes qui ont reçu un faux diagnostic de schizophrénie ont eu de lourdes conséquences sur le plan personnel, familial, social et professionnel; s'étant vues attribuer des traitements médicaux ou pharmaceutiques non convenables, nuisibles et qui n'ont rien réglé. La psychiatrie peut aggraver un trouble déjà existant. Personne ne se pose la question à savoir pourquoi tel médicament ne donne pas l'effet recherché et on se borne à poursuivre le même traitement malgré tout. Un diagnostic juste pourrait ouvrir la porte à des services médicaux adéquats si réellement nécessaires dépendamment des cas et à des soutiens scolaires et professionnels adaptés et appropriés.

La même personne peut avoir un Trouble Déficitaire de l'Attention, souffrir d'anxiété, avoir un Trouble Obsessif Compulsif, avoir le syndrome de Gilles de la Tourette, souffrir de paranoïa, ou encore de bipolarité, de psychose, de Trouble de Personnalité, de schizophrénie ou d'un Trouble du Comportement, mais on ne peut quand même pas lui coller toutes ses étiquettes; ce pourquoi je crois que tous ces traits devraient faire partie de la même grande famille, car il y a trop de ressemblances.

On m'a diagnostiqué, en premier, un trouble bipolaire autrement appelé maniaco-dépression. On m'a donné du lithium qui n'a rien changé, sauf que j'ai eu la diarrhée pendant plusieurs semaines. Suite à d'autres idées suicidaires, on m'a collé l'étiquette de troubles de personnalité limite. Ce résultat est sorti suite à une discussion entre moi et une omnipraticienne spécialisée en psychiatrie qui n'avait durée que 20 minutes environ ; c'est un peu rapide pour établir un diagnostic qui soit juste. Aucun test à échelles descriptives n'avait été utilisé. J'ai été médicamentée de nouveau avec un antidépresseur, celui-ci ne donnant pas le résultat escompté s'est vu augmenté la dose; cela me faisait convulser. J'ai dû prendre avec ce médicament un anticonvulsivant qui pouvait me créer des lésions au foie déjà fragile en partant. C'est alors que je suis devenue très anxieuse et on me donne un troisième médicament : une pilule contre l'anxiété qui me donnait des états euphoriques avec des rires sataniques. Avec tout ce bombardement chimique, il m'était impossible de trouver le sommeil ou de le garder, alors une autre pilule pour dormir fut rajoutée, mais j'avais de la misère à débarquer du lit le matin. J'aurai continué ainsi à prendre des médicaments pour contrer les effets secondaires des autres. Cela m'a sûrement causé des dommages cérébraux.

Lorsque je suis devenue enceinte sur la pilule anticonceptionnelle, j'ai retiré tous ses médicaments de ma vie; afin d'avoir un enfant normal; mais afin de mener ma grossesse à terme sans idées noires, j'ai gardé l'antidépresseur à sa dose « minimale ». Je crois avoir été victime d'une sur- médication : c'est ce qu'un autre psychiatre m'avait dit et je suis persuadée avoir reçu de mauvais diagnostics.

Le syndrome d'Asperger et le trouble de personnalité limite partagent aussi des traits communs. Les mesures d'évaluation pour le TPL sont les mêmes que celles utilisées pour le TED (Trouble Envahissant du Développement); ce qui emmène de la confusion dans les évaluations. Les critères sont similaires, mais les cliniciens utilisent des termes différents, mais qui veulent dire la même chose. Les deux seules grandes différences sont au niveau de l'âge du diagnostic et du sexe du patient. On ne peut pas donner l'étiquette d'un trouble de personnalité à un enfant ni à un adolescent, car sa personnalité n'est pas encore complètement développée. Le débalancement hormonal affecte plus les humeurs : alors des symptômes semblent fleurir à la puberté. Les femmes se font diagnostiquer Asperger plus tard, car elles ont plus de facilité dans les imitations afin de camoufler leurs difficultés sociales; ce qui donne l'impression que les symptômes apparaissent plus tard alors que ceux-ci s'aggravent tout simplement. Plus elles sont intelligentes et théâtralement talentueuses, et plus elles paraissent adaptées et passent pour inaperçues; elles passent donc entre les mailles du filet comme on dit. Cependant, les garçons n'échappent pas à l'étiquetage du TSA (Trouble dans le Spectre de l'Autisme). Il est difficile d'attribuer des sautes d'humeur aux hommes, ce critère semble n'exister que pour les femmes considérant les fluctuations hormonales du SPM. Il y aurait donc un terme différent pour les deux sexes concernant un même diagnostic; ce qui est inconcevable. Ce n'est pas facile d'établir et d'obtenir le « bon » diagnostic. Est-ce que le Trouble de Personnalité Limite ou Borderline est synonyme du Syndrome d'Asperger ou ne serait-ce qu'une variante? En tout cas, si les critères du TPL ressemblent à ceux du SA, je ne peux quand même pas porter deux étiquettes! La balance penche toujours plus d'un côté que de l'autre.

« Malheureusement, encore aujourd'hui, les filles sont souvent diagnostiquées avec un trouble de la personnalité limite alors qu'elles auraient dû recevoir un diagnostic de troubles du spectre de l'autisme. De même que certains hommes sont souvent sous-diagnostiqués avec un trouble de la personnalité limite et qu'on leur donne un diagnostic de trouble du spectre de l'autisme à tort, le trouble de la personnalité limite (ou berderline) étant encore couramment vu comme un problème féminin. Un grand nombre de signes ou de caractéristiques (symptômes) du syndrome d'Asperger sont similaires au troubles de la personnalité limite conduisant à un diagnostic erroné. » (2)

Simone Rudy aurait mentionné dans l'un de ses livres qu'environ 85 % des femmes qui ont reçu un diagnostic de trouble de personnalité limite (borderline) auraient dû recevoir un diagnostic d'Asperger.

Même pour Hans Asperger : « Les TPL ont un diagnostic proche du SA. » Dans les deux cas, il y a un trouble de la glande amygdale, responsable du dosage émotif et du jugement. Certains aussi reçoivent le diagnostic de TC (Trouble de Comportement) ou de TOC (Trouble Obsessif Compulsif), trouble bipolaire, TDAH. À la longue, tous ces troubles devraient faire partie de la même grande famille parce que les manifestions sont proches bien qu'elles diffèrent en intensité et en durée et varient d'une personne à l'autre et d'un moment à l'autre. Les troubles sociaux et cognitifs sont si similaires qu'on pourrait se laisser prendre au piège.

Le système d'évaluation du TPL est complexe et présente des lacunes au niveau des méthodes utilisées puisque le clinicien doit tenir compte de la diversité des symptômes, de leur intensité, du moment de leurs apparitions, de la raison et de leur fréquence; et peu le font. Il n'est pas suffisamment compris pour être bien reconnu. Dépendamment des journées où se font les évaluations concernant les états d'âme du patient du moment ainsi que la manière dont son cerveau a décidé de fonctionner à cet instant précis sans oublier les compétences divergentes des professionnelles, celles-ci peuvent vaguer et se promener d'une étiquette à l'autre. Les TPL ont été sur diagnostiqués à cause de l'automutilation, car ce trouble était absent auparavant dans les critères d'évaluation du spectre de l'autisme. Maintenant, le critère d'automutilation aurait été retiré des diagnostics du TPL. Cela prend seulement 5 critères sur les 9 principaux pour être considéré Borderline; ce qui n'est pas assez pour un diagnostic valable. C'est un peu court comme méthode d'évaluation. Donc l'étiquette dépend aussi de l'année que vous l'avez reçue et selon la mise à jour des critères qui sont toujours mal définis et remis en question puisqu'ils manquent encore de distinctions. Les effondrements émotionnels chez les autistes sont confondus avec l'instabilité des émotions chez une personnalité limite.

« Les cliniciens ont besoin d'un modèle de base cohérant afin de mieux comprendre le modèle féminin du syndrome d'Asperger et d'assurer un diagnostic précoce chez la femme, une meilleure compréhension de ce qu'elle est et l'accès pour elle à un soutien efficace. » (3)

Les médecins ne sont pas capables de différencier le SA des autres troubles, car les critères d'évaluation touchent surtout le comportement des hommes. Alors les femmes ont le risque de se retrouver avec d'autres diagnostics, car elles sont plus expressives et se donnent le droit de pleurer. Dans la recherche des causes de ces troubles dysfonctionnels, on y retrouve également la même source à la base. Les comportements déviants ont une racine commune. Par exemple, au niveau de l'empathie, les TPL en ont trop et les SA n'en ont pas assez : peu importe, ça demeure un trouble au même endroit, car la même région du cerveau est touchée. Les borderline vont se sentir bouleversés par la peine de quelqu'un qu'ils peuvent vivre comme étant leur propre émotion; alors que les SA auront de la difficulté à se mettre à la place de l'autre. Dans les deux cas, la glande amygdale est dysfonctionnelle : voir du danger là où il n'y en a pas et vise versa. Autant les TPL que les SA veulent régler un problème alors que ce n'est pas le bon moment lorsqu'il y a une surcharge émotive. Je me souviens de ce slogan appris en thérapie : « Il est urgent de ne rien faire! » On ne s'aperçoit pas non plus qu'on peut déranger. On ne sait pas quand c'est le bon moment de régler un conflit et on croit bien agir en le faisant sur le fait ou sur le coup de l'impulsion sans penser aux conséquences. On ne voit pas qu'il est possible d'attendre que la poussière soit retombée, car on ne peut pas s'imaginer pouvoir percevoir la situation différemment.

De plus, nous avons tous une personnalité différente, donc nous aurions tous un trouble de personnalité aux yeux des autres (?). ☺

Pour être reconnue Asperger, le neuropsychologue m'a fait subir une vingtaine de tests différents élaborés sur plusieurs heures à des journées différentes. On est loin du petit 20 minutes de discussion basée sur les critères d'une page issue d'un petit bouquin sans doute rédigé par les compagnies pharmaceutiques dans un bureau en psychiatrie.

Lorsque j'avais entrepris la thérapie cognitive-comportementale de deux ans avec le groupe borderline, on m'a demandé à la fin ce qui m'avait le plus aidé. J'ai répondu : « Rien au niveau du programme. Ce qui m'a fait le plus grand bien était la diète sans gluten ni caséine que j'ai entreprise par moi-même». Je suis très bien placée pour en parler puisque j'en ai fait l'expérience. Au retrait des produits laitiers, le brouillard est parti de mon cerveau; c'était comme si un voile se levait et je me suis mise à voir les choses autour de moi avec beaucoup plus de clarté et de précision. Quand j'ai retiré le gluten de mon alimentation, je suis devenue plus patiente, tolérante et indulgente : mes nerfs en boules se sont détendus; donc moins d'agressivité et de colère; bien que celles-ci, je ne les exprimais pas vraiment, je les refoulais surtout et elles me dévoraient de l'intérieure jusqu'à ce que je finisse par exploser. Mes douleurs au ventre et à la tête se sont volatilisées comme par magie et mes selles sont devenues normales.

Donc, couper les produits laitiers à un TDA, il réussira à se concentrer; à un bipolaire, il ne sera plus déprimé; à un autiste, il parlera et aura plus de contact visuel; retirer le gluten fera disparaître l'agitation des hyperactifs et les hallucinations des schizophrènes; enlever le sucre et autres stimulants aux colériques et ils retrouveront la paix intérieure. Le gluten et la caséine sont des opiacés qui interfèrent avec les 5 sens : ce pourquoi, avec leur retrait, des symptômes disparaissent.

Voici les raisons pour lesquelles je suis plus Asperger que borderline : je préfère la solitude alors que les borderline ne la tolèrent pas et qu'ils sont prêts à faire n'importe quoi pour garder des liens proches avec certaines personnes même si ce sont des relations toxiques: je n'ai pas peur d'être rejetée au point que je souhaite même que les gens ne m'invitent pas, qu'on m' oublie et qu'on me laisse tranquille, seule; mon empathie est tirée vers le bas (hypo)alors qu'elle est tirée vers le haut (hyper)pour eux. Les problèmes des autres ne m'intéressent pas et je ne peux pas les régler à leur place. J'ai des troubles de coordination, alors que les TPL n'en ont pas. J'ai aussi des sensibilités sensorielles que les borderline n'ont pas. Ils n'ont pas des tics gestuels ou verbaux comme moi. Et, ils ne sont pas tous intolérants au gluten et à la caséine, bien que cela m'étonnerait, car on l'est tous un peu, mais à des niveaux différents. Mes deux adversaires les plus coriaces demeurent l'anxiété et la dépression et c'est pareil pour eux. C'est difficile pour moi de voir la lumière au bout du tunnel quand il n'y a même pas de tunnel. Je dois renforcer ma tolérance à la détresse émotive et à la souffrance psychologique; ce qui est loin d'être facile. Presqu'à tous les jours, je dois lutter contre l'idée de vouloir quitter ce monde à tout jamais. Je n'ai pas trouvé le moyen autre qu'en tentant d'éviter les irritants et les éléments déclencheurs. La raison pour laquelle les médecins se sont acharnés à m'identifier comme étant « borderline » est reliée à mes expériences traumatisantes; c'est ce qui m'aurait donné un trouble de personnalité limite. Pour moi, ça ne fait pas de sens, car si on peut «devenir» borderline ; c'est qu'on peut «devenir» aussi Asperger si on regarde la ressemblance entre ces deux différences. Cela apportera une controverse dans le monde médical et scientifique. Même une personne autiste peut vivre des expériences traumatisantes sans pour autant que cela l'ait rendu comme ça. Il y a beaucoup de personnes autistes qui n'ont pas vécu de mauvaises expériences dans leur enfance. Je n'aime pas le terme de trouble de personnalité ; ça sonne mal. Celui d'Asperger me colle mieux.

Il faudrait que certains praticiens cessent de contester les diagnostics de ceux qui les ont suivis et qu'ils puissent admettre qu'ils se sont peut-être trompés. Mais il est difficile pour eux de reconnaître leurs erreurs. Ils ne sont pas invincibles pourtant. Je suis tannée de devoir expliquer aux médecins que 2 +2 font 4 et de devoir me justifier. Si quelques uns sont si rigides qu'ils n'admettent pas les autres points de vue; il faut se demander qui a un problème. Donner des soins adéquats n'est-elle pas là leur devise? Hippocrate, le père de la médecine a pourtant dit : « Surtout ne pas nuire! » J'aime bien aussi l'expression suivante : « Laissez le verdict faire son chemin! »

Certains médicaments sont utiles et comportent plus de bénéfices que de risques encourus que si on ne les prenait pas. Des antidépresseurs peuvent sauver des vies. Des fois l'anxiété est si intolérable qu'elle donne des maux de tête et empêche de dormir.

C'est en traitant les intestins qu'on soigne l'autisme. Lorsque je prends des probiotiques très puissants, j'ai plus de comportements répétitifs gestuels et verbaux : je fais de l'écholalie dans ma tête un peu, et je fais plus de « flaping des mains » en frottant mes doigts et en secouant mes mains ensemble dans le vide proche de ma tête. La raison est la suivante : lorsque les levures intestinales meurent, elles se dégonflent et relâchent plus de neurotoxines dans le système sanguin. Il a été prouvé que des levures intestinales et autres parasites dégagent des neurotoxines. Imaginez que notre cerveau pourrait être contrôlé par un champignon microscopique, par des parasites ou des gaz intestinaux.

Lorsque je triche et que je reprends du gluten, j'ai mal aux intestins et je fais des sautes d'humeur injustifiées. J'ai mal dans les articulations des orteils et des doigts. De plus, le gluten va augmenter de beaucoup mon intolérance aux bruits. Si je reprends des produits laitiers, j'aurai mal au ventre également, je ferais de l'urticaire dans les oreilles, j'aurai le nez bloqué par des sécrétions qui coulent, la voix enrouée accompagnée d'une toux et plus de tristesse m'envahit de même qu'une grande fatigue physique et mentale; je deviens plus sujette à attraper un rhume et mes articulations me font mal. Si je mange autant de gluten que de caséine dans un même repas si je suis obligée de manger ailleurs que chez moi et que je n'ai pas pris suffisamment d'enzymes afin de diminué les symptômes qui s'en suivront, je vais avoir une période d'euphorie injustifiée qui sera suivie la journée suivante d'un sevrage qui me donne le goût d'en reprendre pour retrouver les mêmes sensations qui ressemblent aux effets de l'alcool ou d'une drogue; le tout suivi d'un effondrement, tout comme lorsqu'on boit trop de café, on vit des montées puis des descentes toujours plus basses. Cependant lorsque je consomme des fruits et des légumes crus, je déborde d'énergie. Sauf qu'on est souvent attirés vers les aliments qui nous causent le plus de problèmes à cause des sensations fortes qu'ils procurent. Je suis attirée vers les aliments qui contiennent du gluten et de la caséine, mais si j'en consomme, je le regrette tellement après : je ne me sens pas bien, ni dans mon corps ni dans ma tête.

Au sujet de l'empathie, je ne peux pas dire que je n'en ai pas. L'autre fois, j'avais frappé un écureuil alors que j'avais tout fait pour l'éviter avec ma voiture. Je me sentais tellement mal que je suis retournée sur mes pas (non, je veux dire sur mes roues ☺). Je suis allée le ramasser au milieu de la rue, car je ne voulais pas que des gens s'amusent à l'écraser davantage, je me suis excusée à lui et j'en ai versé des larmes. Je l'ai déposé dans le fossé et je l'ai caché à l'aide d'herbe pour le mettre à l'abri des oiseaux de proie. À chaque année, lorsqu'on vide la piscine, je sauve les verres de terre d'une noyade : je les prends et je les dépose plus loin. J'ai beaucoup plus de respect pour la vie que bien des gens dits « normaux » qui se disent capables d'empathie alors que le fait de voir ces pauvres bêtes souffrir davantage les aurait amusés.

UNE PETITE TOUCHE D'ORIGINALITÉ

Je ne fais rien comme les autres; je suis authentique, la seule et unique de mon espèce. Mon mari tient à ce que je vous raconte ceci : une partie de mon jardin ressemble à une salle de bain extérieure à aires ouvertes. J'avais ramassé une vieille toilette dans laquelle je fais pousser des fleurs; ça amuse les visiteurs, car ce n'est pas loin de notre entrée, et je leur réponds pour rire que les plantes poussent bien mieux dans des matières fécales. Je leur ai déjà fait croire que je n'avais pas de toilette à l'intérieur, que s'ils ont envi, que c'est là qu'il faut qu'ils aillent et certains me croyaient même. Ensuite, j'ai ramassé un vieux bain que j'ai transformé en bassin à poissons et en jardin à plantes aquatiques, ainsi qu'un lavabo qui sert aussi de panier à fleurs. Je ne manque pas de créativité ni d'imagination. Je vois les choses dans ma tête et je leur donne forme. Les autres ne savent pas en quoi je veux en venir, alors que moi, je le sais à l'avance ce que ça va donner. Par la suite, les gens sont étonnés des résultats. Je fais aussi pousser des fleurs dans les chaudières d'eau d'érable encore accrochées aux arbres. Je place des statuettes un peu partout dont une gargouille sur un tronc d'arbre coupé en tant que souvenir pour mon travail jadis à La Maison Hantée et une statue de femme à moitié nue dans mon jardin arrière comme souvenir d'un personnage que j'avais joué dans une pièce de théâtre; une statue qui devenait peu à peu humaine par amour pour son maître. Je suis un peu comme cela : une sculpture de pierre que l'on a tenté, pas tous les moyens, de ramollir.

J'ai mis un épouvantail à oiseaux dans l'un de mes jardins à l'autre bout de mon terrain proche du chemin, mais c'est plus un épouvantail à être humains, car je dois expliquer aux passants que cet endroit est privé (car ils sont trop stupides pour s'en rendre compte) et qu'ils ne doivent pas venir voler mes légumes ni mes bulbes printanières comme ce fut déjà le cas. Ce qui est le plus étrange, c'est que je les considère comme étant vivants et ils portent un nom : Wézo a été remplacé par Aspie qui, suite aux intempéries, s'était dégradé. Je lui envoie la main quand je passe. Quand je vais à côté, je le (la) serre dans mes bras. Il y a bien des gens qui traitent leur voiture comme si c'était leur meilleur ami ou d'autres qui traitent leurs animaux de compagnie comme s'ils étaient leurs enfants leur faisant même porter des vêtements et personne ne voit rien de mal là dedans. Alors!

Lorsque j'ai acheté ma guitare électrique en Floride, une fois arrivée à la maison, la première nuit, j'ai dormi avec elle. Elle s'appelle Maggie, Mag pour les intimes. Personne d'autre que moi n'a le droit d'y toucher. Donc les objets importants pour moi ont une personnification.

J'ai une manière très particulière d'improviser à partir de plusieurs restants de table ; ça fait rire mes enfants de s'avoir que j'ai déjà travaillé dans un restaurant comme aide-cuisinière, car je serais bien capable de faire brûler l'eau et évaporer les patates ☺: j'ai été conçue à l'envers.

Au pied du sapin, on sait, au premier coup d'œil, reconnaître les cadeaux qui ont été enveloppés par moi : la corde de jute remplace le ruban synthétique et il y a du papier collant partout. Des morceaux de tissu ont remplacé le papier commercial.

Quand je répare quelque chose, c'est toujours « broche à foin », ça doit être efficace même si ce ne l'est qu'à court terme. Vive le ruban tissé gris et large et les rouleaux de broche fine!

Sur la corde à linge, les vêtements sont accrochés d'une manière dont je dois être la seule à le faire. Ma façon est conçue en fonction des intempéries, des conditions météorologiques donc il y a une raison logique. Si j'accroche les chandails et les chemises par les manches ou si je plis les morceaux en deux, ils prennent moins de place sur la corde; tout est songé et pratique. Mes cordes à linge sont situées en dessous de la corniche sur la galerie arrière; comme ça, lorsqu'il pleut, les vêtements ne mouillent pas. Pour être originale, je le suis, croyez-moi!

Cet été, je me suis inscrite dans une équipe de baseball pour les femmes adultes afin de me forcer à faire de l'exercice et à socialiser. J'essayais de suivre le comportement des autres et je m'agrippais après la clôture quand les autres faisaient de même. Même si le pointage était de 1 à 14 pour l'autre équipe, je demeurais optimiste et je continuais d'encourager mon équipe et à sourire, même si les autres étaient déprimées. On m'a qualifiée de mascotte et notre entraîneuse m'avait dit que j'étais son rayon de Soleil. Il y a quelque chose de positif à être différente.

LA VIE À DEUX

En général, les Asperger sont des gens qui font preuve d'une grande franchise, lorsqu'une personne brise leur confiance, il n'y a pas de revenez-y et il n'y a pas de place pour la trahison dans leur vie. Nous marchons droit et nous nous attendons à la même chose concernant les autres. Je peux être très rancunière et vengeresse. Parfois je ne pardonne pas. Je ne peux pas passer l'éponge et sauter à autre chose aussi facilement que les autres peuvent le faire, car ce qui s'est déjà reproduit arrivera de nouveau. Il ne s'agit pas juste au niveau de la fidélité, mais c'est surtout le mensonge qui est difficile à accepter. Bien que les femmes Asperger soient un peu naïves, il ne faut quand même pas nous prendre pour des idiotes. Lorsque le pont est coupé, il est coupé. Je me souviens de l'expression d'une ancienne connaissance qui m'avait dit : « Lorsque c'est fini, je ne fais pas juste tourner la page, je jette le livre! » Quand la confiance est brisée, elle ne reviendra pas. Le doute et la méfiance s'installeront définitivement, ce qui causera de nombreuses frictions dont vous en serez l'auteur. Mieux vaut alors en finir une fois pour toute, car on se trouverait tellement imbéciles de se laisser leurrer une deuxième fois. Notre image, notre intégrité et notre honneur est à protéger.

Des problèmes de perception et de communication existent à l'intérieur de tous les couples. La vie à deux est rarement satisfaisante et épanouie pour une personne Asperger. On a besoin d'espace et de solitude. On n'aime pas se faire toucher d'une certaine façon à cause de nos hypersensibilités sensorielles : certains contacts peuvent être agréables et d'autres douloureux ou agressants et c'est différent d'une journée à l'autre. Notre corps est raide; alors il ne faut pas exiger de nous la flexibilité d'une gymnaste. La peur du rejet dans nos approches est une autre source d'angoisse; qu'on préfère le fantasme à la réalité qui est pour nous trop compliquée. L'autostimulation est plus satisfaisante bien souvent. Personne d'autre connaît mieux son corps que soi et il est difficile d'exprimer à l'autre ce qu'on aime et ce qu'on n'aime pas, surtout lorsque l'autre ne pense qu'à son propre plaisir. On ne ressent pas, n'interprète pas et on n'exprime pas l'affection et l'amour de la même manière que les autres et on est rarement aimé comme on voudrait l'être; ce qui cause des conflits et des difficultés d'ordre relationnel dans l'intimité. On ne se sent pas aimé, même si l'autre nous le dit 100 fois par jour; on ne ressent pas l'amour des autres, même si on nous décrocherait la lune; ça ne changerait rien. Les besoins sexuels sont semblables entre les partenaires, mais ils sont abordés d'une manière particulière. Il paraîtrait qu'une femme Asperger se voit plus comme une porno star au lit, mais ce n'est pas le cas pour toutes, certaines peuvent être froides ou figer comme une statue. Il n'est pas facile de lire, de comprendre les intentions et les émotions de l'autre ni de communiquer nos sentiments, nos désirs et nos pensées intimes efficacement; ce qui crée des malentendus.

Les meilleures rencontres seraient entre personnes Asperger qui partageraient les mêmes intérêts. Il devrait même y avoir des sites de rencontres pour personnes Asperger. On pourra s'apprécier entre nous, et s'amuser en regardant les neurotypiques faire, car vous nous intriguez et vous nous amusez tellement, si vous saviez! En tout cas, on pourrait mieux se comprendre, profiter de nos moments de silence et les apprécier.

Les Asperger ont une vision différente de l'amour. Nous avons notre propre manière d'aimer et on ne le montre pas comme vous ni de la façon que vous aimeriez qu'on le fasse. On ne peut pas comprendre pourquoi une personne voudrait avoir des rapports sexuels avec nous s'il ne nous aime pas. On peut devenir obsédé par quelqu'un jusqu'à s'en rendre malade. Ne nous niaisez pas, ne nous faites pas des accroire. Si vous ne faites que profiter d'une personne Asperger, elle en sera profondément blessée. S'il ne s'agit que d'un trip d'un soir, elle doit être d'accord; mais surtout cela doit être clair. Sauf qu'il peut s'agir d'un couteau à double tranchant, car si jamais vous ne voulez qu'une aventure d'un soir avec elle et qu'elle accepte, il se pourrait que vous ayez tellement aimé l'expérience que vous voudriez la répéter, sauf qu'elle respectera l'entente établie et vous risquez ainsi vous faire prendre à votre propre jeu. Les contrats qu'ils soient écrits ou verbaux, nous avons tendance à les respecter.

On s'attache un peu trop rapidement à quelqu'un juste parce qu'il nous a donné un peu d'attention. Se faire remarquer nous valorise, c'est comme être séduite par l'autre. Au lieu de choisir quelqu'un, on se laisse souvent être choisie. Par soucis de plaire, on devient vulnérables et facilement manipulables. Ça peut finir dans des relations conjugales toxiques. Dépendamment de nos expériences du passé, on peut considérer la cruauté physique ou psychologique comme étant normales; alors on la tolère. On ne peut pas reconnaître les insatisfactions si on ne peut pas les comparer à des repères basés sur des expériences plus valorisantes.

Même si on est, pour la plupart, des personnes très intelligentes, nous sommes capables d'être séduisantes et attirantes, donc sexy. Le parfum que vous utiliserez pour nous séduire, nous hypnotiser et nous rendre complètement dociles peut aussi nous éteindre, nous repousser et nous faire fuir. Puisque le goût et l'odorat chez nous est plus développé, s'il vous plaît, messieurs : ayez une très bonne hygiène corporelle; nous avons le nez fin.

Le meilleur partenaire serait un autre Asperger ou une personne neurotypique mais à l'extrême; ce qui est certain, c'est qu'il ne doit pas être susceptible ni vulnérable et avoir le sens de l'humour, être très patient et compréhensif. Il est plus facile de choisir quelqu'un qui nous apprécie que d'essayer d'attirer l'attention de quelqu'un qui ne nous voit même pas ou qui ne sait même pas qu'on existe. La personne ne doit pas être accaparante et doit savoir garder ses distances. Avoir dans nos pattes un dépendant affectif peut nous étouffer au point de devoir mettre fin à la relation pour pouvoir enfin respirer convenablement. On ne doit pas se sentir menacer ni emprisonner. Lorsque je me sens coincée, comme par exemple quand je joue avec les enfants et qu'ils me retiennent et me serrent fortement, je me sens alors trapper comme une bête dans un filet et j'entre aussitôt dans un état de panique : je n'arrive plus à respirer.

Les couples, qui se séparent, sont souvent ceux dont l'un des deux est un Asperger qui s'ignore. Le neurotypique conventionnel ou standard souffre du manque de comportements affectueux de l'autre; ce n'est pas qu'on n'aime pas notre conjoint : c'est qu'on a de la misère à le montrer. On a besoin de notre espace vital. L'autre peut alors se sentir ignoré et mis de côté. Il n'y a pas de partage d'émotions ni de pensées intimes. Au niveau de la séduction, les codes non verbaux ne sont pas détectés correctement des deux côtés. Les attentes des deux partenaires ne sont pas les mêmes et ne sont pas claires. L'Asperger va prendre des distances en se réfugiant dans son activité préférée par un besoin de se retrouver lorsque la relation devient envahissante. Établissez clairement vos besoins réciproques. Une insatisfaction se fait ressentir dans le désir de plaire sans y parvenir. Certains codes reliés au romantisme ne sont pas captés ou bien ils sont mal exprimés et mal perçus.

Il y aurait, selon certaines recherches, plus d'homosexualité, de bisexuels, d'ambisexualité et de trans-sexuels chez les personnes Asperger; donc plus de particularités et de diversités, car les désirs et besoins seraient mieux compris chez un partenaire du même sexe qui en plus pourrait avoir aussi les mêmes traits Asperger. Ils ont de la difficulté à se définir, à accepter leur genre : ils souffriraient d'un trouble de l'identité. Les profils sexuels respectent moins les normes et les conventions sociales établies; ce qui amène un comportement parfois inapproprié selon des barèmes mis en place, mais qui peuvent paraître plutôt original si on les traite sous un angle différent : juste à penser au club d'échangistes où le voyeurisme et l'exhibitionnisme sont à l'honneur. « Il n'y a pas de mal à se faire du bien! » Il suffit de voir la vie avec leurs yeux. Le meilleur partenaire pour une personne Aspie est un(e) autre Aspi(e).

Le comportement sexuel serait plus approprié à l'âge adulte qu'à l'adolescence, car il y a une meilleure compréhension de la notion de consentement. Je pouvais autrefois avoir tendance à faire confiance trop rapidement à des gens. Nous sommes des victimes faciles, car nous n'avons pas appris à détecter les intentions chez un abuseur potentiel qui veut profiter de notre naïveté et candeur, et nous ressentons souvent de la honte ou de la culpabilité; ce pourquoi, nous n'avons pas tendance à dénoncer nos agresseurs. C'est cette incapacité à exprimer un refus qui laisse percevoir chez l'autre une forme de soumission perçue comme une acceptation et une conciliation. Cela laisse la victime dans la confusion parce que l'autre ne comprend pas qu'elle ne veut pas et qu'elle le repousse.

J'ai senti que j'allais perdre le contrôle sur ma vie et mon environnement lorsque mon futur conjoint avait décidé de laisser sa brosse à dents chez moi. Et c'était encore pire lorsqu'il a accroché son premier cadre. Je me suis sentie envahie par un seul objet étranger qui ne provenait pas de moi et qui n'était pas mon choix.

Quand mon mari a décidé que c'était lui qui allait dorénavant changer les draps des lits, c'est comme s'il envahissait mon territoire. J'avais ma méthode, mon horaire et ma façon de faire. Juste un petit changement dans les responsabilités m'a déstabilisée, j'ai perdu le contrôle sur quelque chose que je maîtrisais bien; c'est juste qu'il ne trouvait pas que je les changeais assez souvent, mais ma rigidité a fait en sorte que je n'ai pas pu les changer plus régulièrement, car ma routine était déjà bien implantée et ça fonctionnait bien depuis plusieurs années. Ça m'a pris quelques semaines pour m'y habituer. D'autres femmes accepteraient facilement que leur conjoint fasse certains travaux à leur place, mais pas moi. Quand mon hygiéniste dentaire me montre comment je dois bien brosser mes dents, ça ne donne rien, j'ai ma méthode et malgré les efforts, je n'arrive pas à la changer. C'est comme si mes habitudes étaient coulées dans du béton.

S'adapter à un changement devient complexe : que ce soit une séparation, un déménagement ou une perte d'emploi, car pour un Asperger, ce sont des moments très déstabilisants. Négocier est trop compliqué; on préfère accepter ce que l'autre propose, car on n'arrive pas à établir nos exigences et ce qu'on aimerait sur table.

Mon mari se sentait souvent attaqué, alors il me disait régulièrement : « Je ne suis pas ton ennemi! » Avant de connaître mon diagnostic, il croyait que j'avais mauvais caractère. Maintenant je suis capable de le considérer comme mon partenaire. Il ne faut pas oublier qu'on fait une équipe. Il me disait souvent qu'il ne s'ennuis jamais avec moi, que je mets du piquant dans sa vie, des étincelles comme un feu d'artifices.

Une thérapie de couple est nécessaire dans certaines situations. Parfois une réconciliation vaut mieux que de réussir son divorce. Lors de nos consultations, j'ai réussi à faire comprendre à mon mari que je n'arrive pas à donner de l'affection continuellement que je ne suis pas une machine distributrice à bisous et que j'ai besoin d'espace. Plus il s'accrochera à moi comme après une bouée de sauvetage, plus j'aurai le goût de fuir à toutes jambes. Il doit me laisser de l'initiative, me laisser faire parfois les premiers pas. Plus il prendra des distances avec moi, plus j'aurai le goût de me rapprocher. Je me sens envahie et étouffée lorsque mon conjoint me dit constamment qu'il m'aime et je me sens agressée s'il est toujours après moi pour des câlins. J'aime vivre dans ma bulle. Notre thérapie de couple nous a aidés à rétablir un équilibre et des limites entre nos besoins réciproques et à mettre les morceaux du puzzle au bon endroit. Cette année, nous avons décidé d'acheter une roulotte stationnaire, un endroit à moi, où je pourrais me retrouver, faire le point et décompresser dans le silence pour que j'aie une place à moi où je puisse avoir la sainte paix; ce sera mon refuge, mon terrier ou celui des enfants lorsqu'ils inviteront leurs amis pour ne pas qu'il y ait trop de bruits dans la maison.

Finalement la vie de couple n'est pas ce qui convient le mieux à une personne solitaire. J'éprouve des lacunes au niveau de la résolution de conflits; c'est souvent mon conjoint qui fait les premiers pas concernant les excuses et les explications. Je ne sais pas reconnaître ce que j'aurai bien pu faire de mal. Le manque de communication rend la vie à deux : complexe, car je peux aussi interpréter très mal les paroles et les gestes de l'autre. Parfois, c'est lui qui s'exprime mal, alors ce n'est pas toujours de ma faute. On oublie qu'on ne voit pas toujours le côté implicite et qu'on ne sait pas lire convenablement entre les lignes. Il est presque impossible pour la personne Asperger d'apporter un réconfort émotionnel à son partenaire : j'ai assez de difficultés à reconnaître mes propres émotions et à les gérer que je n'irai pas aider quelqu'un à comprendre les siennes. Même pour les deuils familiaux qui arriveront un jour, je n'arriverai pas à le consoler; j'aurai plutôt tendance à le laisser vivre sa peine. Face à un décès, tous se sentent impuissants; on ne peut quand même pas ramener le défunt à la vie.

Une personne Asperger éprouve aussi une difficulté à différencier les genres de relations (ami, collègue, connaissance, amoureux, voisin...) et à établir les limites; par exemple : considérer son médecin ou ses élèves comme des amis. Autant que je ne ressens pas l'amour ou l'amitié des autres lorsque ça existe, autant que je peux croire que telle personne m'aime alors que ce n'est pas le cas et je me suis blessée souvent dans les illusions que je me suis faites: j'ai été branchée à l'envers. Cela me place parfois dans des situations complexes.

Quand mon mari était parti avec toutes ses affaires lorsque nous étions séparés, c'est comme si mon univers avait basculé, mon monde s'était écroulé, car ses cadres sur le mur me servaient de points de repères et je n'en avais plus : c'était aussi les piliers qui tenaient tout debout. Je n'aurai pas eu la même réaction s'il avait apporté que quelques affaires à la fois; c'est comme si les panneaux de circulation étaient disparus des rues et je me sentais complètement perdue. Si on était pour se séparer de nouveaux, nous avons convenu qu'il doit apporter ses affaires progressivement afin que je ne sois pas déstabilisée et pour me donner le temps de m'adapter. Demeurer amis et continuer de s'entraider seraient extrêmement important pour ma santé mentale et physique, ainsi que pour le bien-être surtout des enfants.

Lors de notre retour ensemble, j'ai eu des moments d'hésitations; alors mon conjoint me dit que, par la décision définitive que je prendrai, je serais ainsi responsable du bonheur ou du malheur de toute la famille. Cette charge était beaucoup trop énorme et pesante pour moi, je me suis encore écroulée, et sentie responsable de tout; alors j'ai fait des compromis encore en pensant plus aux autres qu'à moi; on dirait que les personnes Asperger ont le don du sacrifice.

Mon mari voudrait peinturer de nouveau les murs à l'intérieur de la maison avec des couleurs claires pour que ça paraisse plus grand, mais je suis tellement mieux avec des couleurs sombres; sinon le reflet de la lumière sur des couleurs pâles risque de me déranger. J'aime mes murs tachés, creusés, barbouillés, grafignés : ils ont du vécu. Mon mari m'a dit souvent ceci : « Dans un couple, ce qui est le plus important pour l'homme, ce n'est pas d'avoir toujours raison, mais d'être heureux. » Alors il accepte mes exigences dans certains domaines, car maintenant il les comprend mieux. Pour rire un peu de mon syndrome de Gilles de la Tourette, parfois, je m'amuse à dire une niaiserie pour lui demander ensuite : « Est-ce que j'ai dit ça à voix haute? »

Quand mon mari me raconte des choses que je trouve insignifiantes, je lui demande souvent : « Et moi, là dedans, je suis quoi? », c'est mon patois préféré, car c'est rare que je me sens concernée. Tout ce qu'il me raconte ne me touche pas, ça ne fait pas partie de mon univers. Mais j'adore lorsqu'il me dit : « Tu as raison », au point que je lui demande de répéter. En sachant que je suis Asperger, je fais plus attention pour ne pas blesser involontairement les gens autour de moi (ni consciemment). Je propose même aux femmes Aspie de lire les livres suggérés dans la bibliographie à la fin de ce livre afin d'être moins dure envers les gens qu'elles aiment et qui les aiment.

Ce qui est difficile c'est que parfois mon mari me traite comme si j'étais un bébé. Je suis peut-être Asperger, mais je ne suis pas stupide.

Mon mari et mes enfants savent que mes colères proviennent d'une surcharge débordante d'informations et que ma tête et mon corps ne sont plus capables d'en prendre. Ceux-ci sont plus compréhensifs envers mes sautes d'humeur qu'ils essayent de ne pas les provoquer. Je dois être capable d'exprimer plus mes besoins et d'indiquer davantage où sont mes limites. Afin que je puisse le faire, ma fille et moi avons instauré un système de communication efficace. Sur le mur, il y a un tableau représentant les feux de circulation; alors lorsque je commence à ne plus être capable de tolérer une situation, je déplace la pince à linge sur la lumière jaune; quand je suis à veille d'exploser, je le mets sur la lumière rouge. C'est mon thermomètre émotif : avant que la lumière rouge devienne violette, c'est le moment de me retirer, de prendre un recul.

Ce que je n'aime pas, c'est lorsque mon conjoint essaye de faire passer tout sur le dos de mon syndrome comme si je pouvais, à la fois, être encore la cause et la solution à tous nos problèmes. Je déteste lorsqu'il me dit que je perçois et que j'interprète mal, car il s'attaque ainsi directement à mon handicap et il s'en sert pour se donner raison. C'est abaissant et embarrassant. J'ai le droit de voir les choses et de penser autrement. Je lui réponds souvent que c'est lui qui s'exprime mal. Est-ce que ça prend vraiment un coupable? Maintenant, avec beaucoup d'efforts, il réussit à dire qu'il s'est peut-être mal exprimé au lieu de dire que j'ai mal compris; cela aide énormément nos discussions à ne pas devenir des arguments à n'en plus finir.

Quand c'est la période des cadeaux, nous avons décidé d'acheter nous-mêmes ce qu'on désirerait recevoir, de l'emballer et de le donner à l'autre pour qu'il nous l'offre; comme ça, il n'y aura pas de déception ni de mauvaise surprise.

Depuis que nous sommes revenus ensemble suite à notre séparation, la dynamique et l'atmosphère ont beaucoup changé; on dirait qu'on est un nouveau couple. Mon mari me dit souvent ceci : « Je n'ai pas besoin de te comprendre, juste de t'aimer! » Je lui réponds cependant si ce serait possible pour lui de juste m'aimer un petit peu moins.

QUELQUES CONSEILS PRATIQUES

Si votre femme est une Aspergirl, je vous propose de lire les livres suivants : « 22 Things a Woman with Asperger's Syndrome Wants Her Partner to Know », de Rudy Simone; et « Loving someone with asperger's syndrome (Understanding &Connecting with Your Parner) de Cindy N. Ariel, PhD. Je me suis reconnue dans chacun des chapitres. Le livre de Rudy Simone a été traduit en français et il en existe aussi un pour ceux et celles dont leur conjoint est un homme Asperger. Le SA est perçu différemment pour les hommes et les femmes à cause des attentes et des exigences de la société. En attendant, je peux vous faire quelques propositions.

Comme dans tous les genres de couples, il y a des difficultés; elles sont surtout reliées à un manque de communication. Si la personne Asperger n'exprime pas ses sentiments, ça ne veut pas dire qu'elle n'en n'a pas. Si elle n'est pas romantique, ce n'est pas qu'elle ne vous désire pas. Elle ne peut pas exprimer clairement ce qui l'intéresse et elle ne perçoit pas nécessairement les signes que vous envoyez. Établissez une signification spécifique au langage non verbal; par exemple, si elle vous tourne le dos dans le lit, c'est parce qu'elle ne veut pas faire autre chose que dormir. Si une chicane survient, c'est souvent suite à un malentendu. Soyez clair, elle ne peut pas devinez; dites-lui, par exemple : « Quand j'arrive avec des paquets, j'aimerai ça que tu m'aides à en ranger le contenu. »

Si elle réagit mal, c'est peut-être parce que vous n'agissez pas bien. Si vous attendez après ses excuses, vous allez attendre longtemps. Puisque dans un conflit, souvent ce sont les deux personnes qui ont tort, reconnaissez vos erreurs, comme ça, elle reconnaîtra les siennes en retour: vous devez être capable de piler sur votre orgueil et de faire les premiers pas. Si elle est fâchée, elle n'entendra rien, attendez le bon moment. Vous êtes avant tout des amis et des partenaires. Dans une guerre, il n'y a pas de gagnants.

Si vous vous mettez beau pour sortir avec elle, que vous êtes bien peigné et bien habillé, elle va remarquer votre petit bouton sur le menton, la légère tache sur votre veston et le poil de chien sur votre pantalon. Les détails, pour elle, sont plus importants que la vue d'ensemble. Ce n'est pas qu'elle ne vous apprécie pas. Si vous revenez de chez le coiffeur et qu'elle n'aime pas votre coupe, elle est très honnête et directe ; elle ne vous fera pas croire que ça vous fait bien juste pour vous faire plaisir. Si elle désire être seule, c'est qu'elle en a besoin, ne le prenez pas personnel. Si elle ne veut pas se faire toucher, ne prenez pas cela comme un rejet, c'est que son cerveau est déjà saturé.

Lorsque vient le moment de se faire des cadeaux, demandez-lui ce qu'elle désire recevoir; c'est beaucoup mieux que de la surprendre et de la décevoir : lui acheter n'importe quoi risque de la vexer. Si elle oublie de vous dire merci, ce n'est pas parce qu'elle n'apprécie pas.

Si elle a besoin de coller des affiches et des aide-mémoire un peu partout, laissez-la faire; cela la sécurise. Le traitement de l'information peut se faire lentement, elle peut réagir tardivement à quelque chose que vous venez de lui dire; elle a besoin d'un temps d'analyse. Donnez-lui le temps de réfléchir avant de prendre une décision, sans pression. Affichez un calendrier où les activités de tous les membres de la famille sont indiquées clairement en couleurs différentes.

Si lui ou elle aime la tranquillité et la paix, ne faites pas exprès pour faire quelque chose si vous savez que ça va lui tomber sur les nerfs. Si vous continuer de faire des affaires qui l'agacent, c'est vous qui avez un problème. Si vous ne pouvez pas vous parler, écrivez-vous. Les Aspie adorent recevoir des petits mots, mais évitez de parler d'émotions par texto, ça risque de passer mal. Les imprévus tels qu'une panne mécanique risque de la faire paniquer, prévoyez l'adhésion à une assistance routière. « Mieux vaut prévenir que guérir! », comme le dit si bien l'expression.

Si elle, la personne Asperger, fait une erreur, offrez-lui des solutions parmi lesquelles elle pourra «choisir» au lieu de la gronder et de lui faire des reproches. Si sa garde-robe est à l'envers, c'est une façon pour elle d'avoir le contrôle sur quelque chose : ça la sécurise et la rend confortable. Si elle est obèse ou anorexique, c'est peut-être pour la même raison; alors laissez-lui plus de liberté, comme ça, elle aura moins besoin d'avoir un contrôle sur la nourriture. Si elle veut aller toujours au même restaurant, ce n'est pas parce qu'elle ne considère pas vos goûts et vos préférences alimentaires, c'est parce qu'elle connaît le menu, elle sait ce qu'on sert, elle n'aura pas de surprise et c'est peut-être parce que la place n'est pas trop bruyante et qu'il n'y a pas trop de monde. L'éclairage et les couleurs ne l'agressent pas.

Ne changez rien à son insu, elle pourrait se sentir désorientée. Il est difficile pour elle d'essayer quelque chose de nouveau, alors accompagnez-la pour la rassurer. Elle peut changer des meubles de place, mais pas vous. Elle peut vérifier plusieurs fois si la porte est bien barrée et si le four est fermé, car l'anxiété l'emporte souvent sur la raison. Si elle perd quelque chose d'important, elle entre en mode « panique ». Pour dédramatiser, elle aura besoin de réconfort.

La personne Asperger est forte intellectuellement, mais vulnérable émotionnellement. Ne la prenez surtout pas pour une « imbécile », elle aura horreur que vous insultiez son intelligence. Sa naïveté a fait en sorte que des gens ont sans doute profiter d'elle dans le passé que ce soit financièrement ou sexuellement; ces mauvaises expériences l'ont marquée, elle doit se sentir en sécurité dans vos bras et en votre compagnie. Si elle croit que quelqu'un lui veut du mal, ne lui dites pas que c'est juste son imagination, elle pourra croire que vous prenez la part de l'autre. Vous devez avoir les mêmes ennemis, sinon elle croira que vous êtes contre elle.

Si ça ne va pas bien au travail, ce sont toutes les cellules de son corps qui ne voudront pas y retourner tellement elle sera envahie par la situation. Si elle parle de suicide, consultez tout de suite un professionnel. Les « burn out » sont plus fréquents chez les personnes neuro-atypiques. De même pour une joie, elle agira comme un enfant tellement ce sera tout son corps qui sera totalement absorbé par l'émotion.

Une Aspie préfèrerait être femme au foyer. C'est une mère très protectrice et responsable. Elle n'aura pas peur du ridicule : elle agira comme eux, et elle prendra l'intérêt de ses enfants à cœur, au point que vous risquez de prendre le « back seat ». Accomplissez plus de tâches ménagères si vous voulez passer plus de temps avec elle et afin qu'elle soit moins fatiguée. Mais quand les enfants seront grands, il sera difficile pour elle de les laisser partir, elle vivra cela comme un deuil, car c'est tout son mode de vie qui en sera perturbé et elle n'arrêtera jamais de s'inquiéter pour eux. Elle ne coupera jamais le cordon ombilical; que cela soit clair pour vous et pour eux.

Si vous n'êtes plus capable de la tolérer et que vous voulez vous en séparer définitivement, faites en sorte qu'elle comprenne bien les raisons et que la division se fasse progressivement et amicalement, sinon vous risquez de la détruire complètement. Donnez-lui la chance de redevenir autonome et indépendante. Tout peut être dit, mais ça dépend de la manière qu'on le fait. Si vous vous souvenez des raisons pour lesquelles vous êtes tombé en amour avec elle, cela vous suffira à rallumer la flamme. Continuez de vous entraider pour le bien de tous les membres de la famille.

Lors d'un moment de déprime, offrez-lui un réconfort qui touche à l'un de ses sens pour la distraire et l'aider à tenir son focus sur autre chose: une odeur particulière, une couverture lourde, une certaine musique, son repas préféré… et dites-lui : « Ça va aller, tu es correcte comme tu es! »

Elle a déjà de la difficulté à digérer ce qui s'est produit dans sa journée, ne lui raconter pas votre journée à moins qu'elle vous le demande et elle ne vous racontera pas la sienne à moins que vous le lui demandiez. Si elle ne vous regarde pas dans les yeux, ce n'est pas parce qu'elle ignore ce que vous dites, c'est tout à fait le contraire, c'est qu'elle veut bien comprendre et donner de l'importance à ce que vous dites.

Si les verres et les assiettes sont mal rangés dans le lave-vaisselle et si elle ne fait pas le ménage comme vous le feriez, dites-vous qu'on moins le travail est fait et que vous n'avez pas à le faire. Même si elle ne tolère pas la critique, elle se permet de faire des commentaires négatifs, mais les raisons sont différentes : elle veut améliorer les choses, car elle n'aime pas la médiocrité. Elle est simple et pas compliquée. Rappelez-vous que la meilleure manière de ne pas être déçu est de n'avoir aucune attente. Elle ne désire pas vous changer, elle désire juste que vous progressiez; c'est une manière pour elle de vous aider et de vous montrer qu'elle tient à vous. J'aime bien cette phrase de Simone Rudy : « Elle aime la perfection, et si elle vous a choisi, c'est tout un compliment! » Si vous n'endurez plus ses critiques, c'est à vous de lui indiquer clairement où sont vos limites. Ce n'est pas parce qu'elle est Asperger que vous devez tout accepter. Vous n'êtes pas son « punching bag » non plus. Ne lui criez pas après, mais parlez-lui fermement. On peut tous travailler sur soi sans se changer complètement. Si elle essaye de vous transformer entièrement, elle serait mieux de se trouver quelqu'un d'autre, mais si elle désire que vous fassiez plus d'exercices, que vous arrêtiez de fumer, de boire ou de prendre des narcotiques; c'est qu'elle tient à vous et qu'elle veut votre bien. Voyez cela comme étant une bonne intention, vous êtes important pour elle et c'est ainsi qu'elle vous montre qu'elle a peur de vous perdre et qu'elle tient à vous. Ses points forts sont de toujours vouloir régler ce qui ne fonctionne pas bien; autant au travail qu'à la maison et dans la société même si ça dépasse ses habiletés.

Il n'y a personne de plus «fidèle» qu'une Aspie, car suivre les règles pour elle c'est important, le respect réciproque aussi. Elle ne tolère pas le mensonge ni l'hypocrisie ni la traîtrise et si vous brisez sa confiance; ce sera pour toujours, à moins que vous travailliez très fort pour réparer ce que vous avez cassé et qu'elle remarque et apprécie les efforts que vous faites. Pour elle, les actions sont plus importantes que les mots; alors faites en sorte que « vos bottines suivent vos babines ». La confiance est difficile à obtenir, à garder, et à reconstruire.

Avec une Aspie, vous allez pouvoir jouir d'une grande «liberté», car elle ne vous empêchera pas de sortir avec vos amis ou d'aller les voir, car elle n'aime pas recevoir de la visite. Elle appréciera que vous la laissiez seule parfois à la maison, même souvent. Mais si vous avez décidé de sortir avec vos amis tel soir, ne le lui apprenez pas la journée même. Si elle doit absolument rencontrer une personne qui est importante pour vous, préparez-la en la décrivant pour qu'elle s'en fasse une idée; et parlez d'elle à vote ami afin qu'il ne la juge pas et pour qu'elle se sente acceptée. Si elle veut partir au milieu d'une fête, ce n'est pas un caprice mais un besoin existentiel, prévoyez sortir avec deux véhicules. Parfois son amygdale produit trop d'adrénaline et elle peut ressentir un danger quelconque surtout s'il y a beaucoup de personnes. Si elle ne se mêle pas à la conversation, soyez-en heureux, car si le sujet l'intéresserait, la discussion se transformerait plutôt en monologue, car elle en aurait beaucoup à dire à ce sujet et n'acceptera pas d'être interrompue. Si elle désire sortir seule, ce n'est pas parce qu'elle voit quelqu'un d'autre en cachette; elle aura ainsi un contrôle sur ses déplacements et ses choix.

Si elle sait qu'elle a raison au sujet de quelque chose, elle ne vous laissera pas gagner tant et aussi longtemps que vous ne l'avouerez pas ; ce n'est pas par orgueil ni par narcissisme, c'est parce qu'elle aime que la vérité soit connue et elle aime à ce que les choses soient claires et justes. Si c'est elle qui s'est trompée, elle aura de la difficulté à le reconnaître et à l'accepter; c'est qu'elle a besoin de comprendre le pourquoi et le comment.

Elle peut avoir de la misère à s'arrêter dans une tâche au point d'oublier de boire, de manger, de dormir et d'aller à la toilette; c'est comme si la lumière jaune ou rouge ne s'allumait jamais, elle demeure toujours à vert. Lorsqu'elle est épuisée, c'est comme si son cerveau avait couru le marathon. Aidez-la à prendre conscience de cette réalité en la forçant à prendre des pauses. Pour l'aider à s'arrêter, offrez-lui seulement ou surtout des options qu'elle aime parmi lesquelles elle peut «choisir»; ne la forcez pas à boire un verre d'eau, mais arrivez avec deux propositions. Elle n'aime pas qu'on lui impose nos propres choix.

Vivre avec une personne autiste n'est pas de tout repos, que ce soit un enfant, un parent ou votre conjoint(e). Ça prendrait un manuel d'instructions, un mode d'emploi. Afin de pouvoir comprendre, aider et soutenir ses personnes, il faut se renseigner, car la connaissance vous apportera beaucoup plus de bénéfices autant pour elle que pour vous.

Penchez-vous sur les raisons pour lesquelles cette personne vous semble différente. Sensibilisez les gens autour d'elle afin de diminuer la confusion et les conflits pour lui offrir le soutien dont elle a réellement besoin. Ne la sous-estimez pas, elle en connaît beaucoup plus que ce que vous pouvez vous imaginez. Encouragez les routines, évitez les surprises. Puisque un changement imprévu risque de la déstabiliser, préparez-la mentalement à l'avance; cela la sécurisera surtout si elle en connaît le pourquoi; cela apaisera ses angoisses. Rendez-la à l'aise en diminuant son anxiété. S'adapter demande une réorganisation. Renforcez sa confiance en elle et l'estime de soi. Ne la forcez pas à être avec les autres ni comme eux; elle ne sera pas plus heureuse. Respectez son besoin de solitude, mais ne la plongez pas dans l'isolement non plus. Ne lui offrez pas une petite cage dorée. Ne l'empêchez pas de faire ce qu'elle aime. Il est important de l'écouter réellement et de lui donner de l'attention; autrement, c'est vous qui vous refermez sur vous-mêmes.

Vouloir en savoir toujours plus sur un sujet en particulier est un point fort chez elle; ne tentez pas d'orienter ses intérêts dans une autre direction, elle se sentira perdue. Aidez-la à gérer ses compétences. Laissez-la suivre la voie dans laquelle elle est attirée et passionnée; elle y trouvera le bonheur. Elle désire être reconnue pour son talent en particulier et être respectée dans ses choix. Elle désire partager ses découvertes et elle aime en parler. Valorisez-la, car en dépit de ses réussites, elle risque de se trouver nulle. Les épreuves proviennent des exigences de la société, pas d'elle. Un succès professionnel la conduira à s'intégrer mieux dans la société. Elle peut très bien réussir dans la vie malgré ses différences et ses faiblesses. Soyez fier de ses accomplissements et de ses particularités. S'il s'agit de votre enfant, ne le forcez pas à quitter la maison avant qu'il ne soit prêt et offrez-lui le soutien financier et moral dont il aura besoin.

« ...les parents d'enfant Asperger doivent se réconforter à la pensée suivante : ils ont donné à notre civilisation une personne dont elle a besoin parce que notre société est encore en gestation et essaie toujours de sortir des ténèbres. »(4)

L'enfant jouera un rôle dans l'évolution et les progrès de l'humanité comme ses prédécesseurs. La société a brûlé sur un bûcher les innovateurs, mais les gens qui ont rejeté leurs idées nouvelles se les ont, par la suite, appropriées.

Si vous êtes le patron d'une personne Asperger, pour faciliter l'organisation du travail à effectuer, elle doit disposer d'un plan de travail structuré. C'est une personne minutieuse qui a besoin de savoir où elle s'en va et ce qu'on s'attend d'elle. L'organisation doit être stable et « cohérente ». Comprendre le but de ce qu'elle a à faire la motivera à l'accomplir. Offrez-lui des outils qu'elle sera capable d'utiliser. Dresser un plan réaliste pour l'atteinte des objectifs. Donner des consignes complexes pourrait lui faire perdre confiance dans ces capacités; pas plus que deux ou trois commandes à la fois. Décoder l'information peut exiger une certaine lenteur; soyez patient. N'utilisez pas des jeux de mots à double sens, abstraits ou imagés, soyez clair, net et précis. Ne lui donnez pas trop d'informations en même temps. Puis vérifiez pour être certain qu'elle a bien compris ce que vous disiez et vouliez. Faire des ajustements pourrait être nécessaire. Sans un soutien particulier, les mésententes deviennent invalidantes pour les deux côtés.

Si elle est craintive et anxieuse, rassurez-la en lui expliquant que ses anticipations et appréhensions risquent fort de ne pas se réaliser. Comme le dit si bien David Ledgin : « Quatre-vingt-dix pour cent de nos craintes ne se matérialisent jamais. »(5)

L'ÉCOLE : UN UNIVERS EN ÉVOLUTION OU EN RÉGRESSION?

Il faudrait changer le système scolaire. Mettre les efforts et l'argent au bon endroit rapportera beaucoup plus que ce que l'on croit autant pour la relève que pour la société elle-même. Ce n'est pas pour rien qu'il y a autant de décrochage scolaire et moins d'élèves qui réussissent à décrocher un diplôme. Les méthodes d'apprentissage imposées ne conviennent pas à tout le monde si on considère les différentes formes d'intelligences. Non seulement le système éducatif n'aide pas les neuro- atypiques, mais ça leur nuit.

Tout d'abord, les élèves dans les classes sont beaucoup trop nombreux et les exigences envers les enseignants sont trop élevées; celles sur le marché du travail aussi. Il y a de moins en moins d'aide et de service à cause des coupures budgétaires dans le domaine de l'éducation. Il devrait y avoir des écoles pour les neurotypiques et d'autres pour les neuro-atypiques afin de mieux les accompagner et les encadrer : une école pour Asperger avec des employés Asperger aussi. Personne n'apprend de la même manière; il ne faut pas essayer de faire entrer tout le monde dans le même moule comme je l'ai déjà mentionné.

Pourquoi faut-il être fortement handicapé pour recevoir des soins et des services adéquats? Les personnes légèrement handicapées n'ont « aucune » aide. Il n'y a pas de services disponibles pour elles, car ceux qui sont offerts ne leur conviennent pas par un manque de compréhension de leur condition ou par ignorance. Les troubles de comportement sont amplifiés par le manque d'aide et de traitements adéquats.

Vive l'implantation des écoles alternatives où les élèves suivent leurs intérêts à leur rythme. Il devrait y a en avoir beaucoup plus et à tous les niveaux. Au secteur des adultes (post-adolescents), ce ne sont pas tous les élèves qui peuvent apprendre à partir des cahiers. Ils ne sont pas tous autonomes. Ils doivent comprendre la raison des tâches à effectuer et ils doivent se sentir concernés; alors offrez-leur, au moins, des sujets qui les intéressent. Si un élève qui est Asperger, diagnostiqué ou non, est passionné par les avions, ne lui demandez pas de faire une dissertation sur l'élevage des cochons en Inde, vous allez le perdre. Il ne fera rien, car il n'en sentira pas l'utilité et c'est compréhensible. L'apprentissage conventionnel ne l'aidera pas; certains ont besoin de bouger et d'apprendre dans l'action. D'autres préfèrent apprendre seuls et sont autodidactes; les cours par correspondance leur conviendraient. Même si certains ont une faible estime de soi, ils aiment aider les autres : montrer leur savoir faire et leur savoir être. Ils feraient de très bons enseignants plus tard. Le manque d'empathie fera d'eux de bons infirmiers ou policiers, car le malheur des autres les atteindra moins et ne les empêchera pas de bien fonctionner.

Il n'y a rien de mieux qu'un professeur dyslexique pour aider un élève dyslexique, car il comprend mieux que quiconque les distorsions cognitives visuelles et il peut lui montrer les manières de les détourner puisqu'il a lui-même pu développer des stratégies. Il n'y a rien de mieux, non plus, qu'un enseignant autiste pour comprendre et aider les élèves qui sont comme lui.

Se nourrir d'informations remplace la confusion et le vide intérieur. Parfois, les élèves ne savent même pas à quoi ça va leur servir plus tard d'apprendre telle et telle chose, et il y en a qui ne sauront même pas quoi faire avec leur diplôme. Ce n'est pas tout le monde qui désire devenir esclave d'un mode de vie où ce qui est le plus important est de faire le plus d'argent possible. Mes valeurs, à moi, ne sont pas d'ordre financier non plus, mais les exigences sociales et le mode de vie nous l'imposent, malheureusement.

Afin de calmer l'anxiété due aux examens, il faudrait que les enseignants leur donne un travail sans le dire à l'avance que ce sera évalué. Comme dans certains tournages de scènes, la pratique serait la meilleure prise. Sa progression devrait être considérée autant que le résultat final. Ce n'est pas juste la réponse qui compte, mais le chemin qu'il a pris pour s'y rendre, ainsi que les efforts. L'élève devrait pouvoir choisir lui-même le moment d'être évalué et sur quelle matière; il est le mieux placé pour savoir quand il se sent prêt. Ceci lui donnera plus de motivation et de responsabilités face à ses apprentissages, car il se sentira en contrôle et pourra ainsi démontrer plus d'ouverture. Faire l'école à la maison leur conviendrait aussi, car ils ne se sentiront pas obligés de se tenir avec les autres.

J'ai connu une collègue qui forçait ses élèves à socialiser en les faisant s'asseoir ensemble à des tables longues. Elle croyait bien faire, mais on ne peut pas forcer quelqu'un à aller vers les autres s'il ne se sent pas à l'aise. Moi, j'ai toujours fait en sorte qu'il y ait, dans ma classe, des pupitres seuls, des pupitres doubles et des tables longues pour se soustraire à la diversité.

Je n'ai jamais compris pourquoi il y a autant de gluten et de caséine dans les menus de cafétéria connaissant les dommages neurologiques qu'ils peuvent produire; et ce, au niveau des apprentissages et des comportements. Les gens ne veulent pas comprendre et ça va leur prendre une éternité pour changer leurs croyances.

Si un élève Asperger fait quelque chose de drôle qui fait rire les autres, s'il semble vexé, expliquez- lui en quoi la situation était cocasse, car il ne le sait sans doute pas et lui faire comprendre que les autres ne riaient pas de lui mais de l'action qu'il a posée; à moins que ce soit un humoriste qui adore plaisanter.

Parmi eux, il y a de très bons comiques, car ils peuvent avoir un très bon sens d'humour particulier; d'autres deviendront de très bons musiciens car leur sens de l'ouïe est aiguisé. Voici la liste des autres métiers ou carrières qui leur conviendraient : correcteur, chercheur, traducteur, mathématicien, gardien de sécurité, ingénieur, chauffeur d'autobus, conducteur de camion et de machinerie lourde, commis d'usine, logisticien, financier, informaticien, journaliste, enseignant, écrivain, chanteurs, comédien, cuisinier, comptable, statisticien, directeur, chef d'entreprise, policier, enquêteur, détective, réceptionniste, jardinier, archiviste, bibliothécaire, vétérinaire, éleveurs, agriculteur, soigneurs d'animaux. Certains métiers demandent une communication que dans un sens, comme celui de conférencier; ce qui est l'idéal. Afin de développer leur potentiel, il faut aller dans le même sens que leurs points forts; ainsi ils se sentiront valorisés et développeront l'amour de soi ainsi que la confiance en leurs moyens. Dans mes recherches, j'ai lu ce proverbe à quelque part et il fait bien du sens : « IL FAUT TRAVAILLER AVEC LE SYNDROME ET NON CONTRE LUI! » Il est de notre devoir de leur fournir une aide valable et spécifique, personnalisée et adaptée à leurs besoins et compétences individuelles.

Si l'élève vient à l'école en pantoufles, qu'est-ce que ça peut bien vous faire? Peut-être que les autres chaussures dérangent son confort à cause de ses sensibilités sensorielles. Y avez-vous pensé? La douleur reliée à la faim est moins bien tolérée par les Asperger, ils devraient pouvoir aller dîner quand bon leur semble; sinon, ils ne seront plus capables de travailler.

L'université est un endroit idéal pour eux, car ils peuvent y développer leurs propres moyens de travail. En plus, ils y rencontrent des gens aussi brillants qu'eux et partageant les mêmes passions. Il y a beaucoup de solitaires à cet endroit, mais il y est plus facile d'avoir des conversations avec quelqu'un qui partage les mêmes intérêts que soi.

Avoir une bonne éducation et faire de hautes études est important pour les personnes Asperger. Elles sont capables d'une concentration intense. De plus, cela leur permettra de devenir des personnes autonomes, indépendantes et responsables. Vous aurez tort de vouloir trop les protéger. Il doit y avoir une adéquation entre vos interventions et leurs besoins. Laissez-les faire leurs propres expériences et erreurs, elles seront capables de se relever et de retrouver leur équilibre : je l'ai fait tout au long de mon existence. Elles continueront d'aimer la vie malgré leurs déceptions. Apportez-leur soulagement et réconfort. Prendre des risques et échouer fait partie du développement de la maturité. Sentir que vous leur faites confiance renforcera la confiance en elles. La personne Asperger est remplie de possibilités non restreintes. Permettez-lui de trouver son style et son identité propre. Aidez-la à trouver son chemin. Ne faites rien pour lui nuire. Aimez-la comme elle est et ne cherchez pas à la changer mais aidez-la à progresser. Offrez-lui votre soutien et protection.

« Mieux je peux les préparer, mieux je pourrai les laisser voler de leurs propres ailes pour leur permettre de se connaître eux-mêmes et de s'épanouir...les jeunes Asperger ont le droit de recevoir l'appui et la confiance absolue de leur famille quand ils quittent le nid (l'école est leur deuxième famille), quelque vulnérables qu'ils soient...Qu'on se souvienne de nous pour avoir aidé à libérer un esprit créatif, est une récompense en soi, et la seule récompense que l'on doive attendre. » (6)

Si vous avez un enfant Asperger, ne vous en voulez pas, car avec le temps, vous allez réalisez que c'est un cadeau du ciel.

Une thérapie pourrait lui être bénéfique pour apprendre à gérer ses émotions reliées au stress, à l'angoisse et à la déprime. Une psychothérapie conventionnelle peut améliorer les relations. Elles sont vulnérables et naïves, elles doivent apprendre à se défendre verbalement et physiquement, à faire face aux commérages et être capables d'aller chercher de l'aide en cas de besoins et des conseils. Prendre des cours de karaté lui servira un jour pour le respect des limites. Ce sont des personnes intègres et humbles qui n'aiment pas entrer en contradiction avec leurs valeurs.

Ce sont des personnes précieuses et attachantes. Voici la liste de leurs points forts : sensible, spontanée, fiable, digne de confiance, efficace et organisée, intelligente, cultivée, serviable, gentille, chaleureuse, aimable, respecte ses promesses, perfectionniste au travail, curieuse, respectueuse, persévérante et ambitieuse, authentique, intéressante, travaillante, dévouée, productive, disciplinée, agréable, drôle et humoristique, créative et imaginative, généreuse avec le cœur sur la main qui a une haute idée du sacrifice de soi, assoiffée de connaissances et de justice, respecte l'autorité et les règles. Les Asperger en général ne jugent pas, n'ont pas de préjugés, ne sont pas racistes ni sexistes. Elles pardonnent un peu trop facilement parfois; alors que pour autre chose, elles peuvent devenir rancunières pour longtemps. Être populaire n'est pas aussi important qu'être acceptée. Ce sont des êtres exceptionnels doués de vitalité. Elles sont enrichissantes et vous pourriez en apprendre beaucoup d'elles. Elles ont beaucoup à offrir. Croyez dans leurs forces.

Renforcer l'image de soi aide à faire des bons choix et soutenez-la dans ses décisions. Voyez la différence entre une passion et une obsession. Être soutenue est important pour son bien-être et son bonheur.

Lorsque les choses vont mal et qu'elles tombent en vinaigre, prenez du recul et observez, n'intervenez et n'agissez pas sur le coup de l'impulsion. Laissez la poussière retomber et tous y verront plus clair. Envahie par les émotions, la personne autiste ne peut pas, elle, prendre des distances et voir les choses autrement, car l'ampleur d'une situation problématique prend toute la place et l'emporte sur la raison l'empêchant de réfléchir. Soyez plus sage en donnant l'exemple. Ce n'est pas en jetant de l'huile sur le feu qu'on puisse espérer l'éteindre. Il est trop facile de blesser involontairement les gens qu'on aime le plus au monde. Il est difficile pour elle de reconnaître ses erreurs et la critique produira un sentiment de honte. Les reproches sont un combat permanent. Donnez-lui, à la place, des renforcements positifs, ainsi elle aura le goût de s'améliorer.

Identifier les irritants et les éléments déclencheurs. Puis faites en sorte de les éliminer ou de diminuer leurs apparitions et leurs intensités; par exemple, les bruits et les lumières. Limitez les situations qui l'exaspèrent.

Son exigence envers elle fera en sorte qu'elle risquera de s'auto punir, aidez-la à accepter ses faiblesses et à opter pour un comportement qui ne soit pas autodestructeur et qui ne lui causera pas de dommages : l'alcool, les stupéfiants et les médicaments sont peut-être des échappatoires du moment, mais ne règleront rien. Offrez-lui un environnement sécurisant et tout votre amour. Elle a le droit de commettre des erreurs et de s'en donner le droit aussi comme c'est le cas pour vous. Il ne faut pas être plus exigent envers soi qu'envers les autres ni vise versa. N'oubliez pas ceci : « ELLE A LE DROIT D'ÊTRE AUTISTE! ». Et, d'être respectée dans sa différence.

RÉCAPITULATION

Tout le monde a des défauts et des qualités. Il faut apprécier ce qu'il y a de bon en chacun de nous et en commençant par soi-même. Être capable de comprendre, d'accepter sans juger, de tolérer avec patience et d'aider les autres; c'est ce qui fera de nous tous de meilleures personnes. Avant de tenter de changer les autres, essayons ou essayez d'abord de les voir autrement, alors les attentes et les préjugés tomberont. On ne peut pas demander à quelqu'un en chaise roulante de marcher ou de descendre les escaliers sur ces roues ni à un diabétique d'arrêter de l'être. Si vous demandez à un noir de devenir blanc, les résultats risquent d'être catastrophiques.

Les gens qui se moquent de nous n'évoluent pas. Si on garde le silence, c'est parce qu'il en a long à dire et que parfois ça vaut mieux de se taire que de dire ce que l'on pense, car on sait que l'on parlera dans le vide et que nos paroles risquent de ne même pas vous atteindre.

Misez sur nos forces et non sur nos faiblesses autant que les vôtres. Au lieu de nous ou de vous faire des reproches, récompensez les bonnes actions. Si on se sent valorisés, on aura la volonté de progresser. Favoriser l'épanouissement des talents peut mener vers des carrières enrichissantes dont chacun pourrait profiter. Plusieurs deviennent de très bons informaticiens et ingénieurs. Ne sous-estimez pas le potentiel de chaque individu ni le votre. On peut vous apporter beaucoup si vous nous en donniez la chance. Faites-nous confiance. Servir l'humanité est une vocation. Le succès ne se compte pas en dollars mais en satisfactions collectives et individuelles. Il y a avantage à tirer d'une soi-disant imperfection, car LE VILAIN PETIT CANARD SE TRANSFORMERA EN UN BEAU GRAND CYGNE BLANC.

On ne peut pas obliger tout le monde à entrer dans le même moule; car de toute façon, il n'y aurait pas assez de place pour tous. Vive la diversité, c'est ce qui rend le monde intéressant. Donnez à ce moule une forme qui nous convienne et on y entrera avec plaisir.

Changeons l'environnement en respectant ce que la nature nous offre pour qu'il soit plus vivable pour chacun de nous. Rendez le monde plus accueillant et moins exigeant, comme ça on viendra vers vous. Il y a une raison à se renfermer sur soi : l'hostilité contre laquelle on se protège. La solitude est un moyen que nous avons trouvé pour survivre. N'oubliez pas que la rigidité engendre la rigidité. Nous avons tendance à nous refermer si nous sommes soumis à la pression; c'est notre moyen de défense. Je suis contre les thérapies comportementales, car nous ne sommes pas à être domestiqués ou dressés, nous sommes déjà programmés pour penser et agir autrement. Nous ne sommes pas des robots et ne désirons pas le devenir. Lâchez prise! Vous connaissez aussi l'expression : « Vivre et laissez vivre! » Il est complètement irrationnel pour vous de croire qu'un jour vous pourrez nous rendre similaires à vous et il est tout aussi invraisemblable pour nous de penser qu'un jour vous allez comprendre et cesser de vous acharner sur nous. Il faut garder espoir et choisir les combats. « Il y a des guerres qui ne valent pas la peine d'être menées. » Alors arrêter de vous acharner à vouloir nous changer et nous rendre semblable à vous.

Ça fait longtemps qu'on essaye de vivre comme vous, de comprendre votre monde et d'assimiler les rapports sociaux, alors qu'on aurait le droit de jouir d'une certaine liberté : être soi-même. C'est à votre tour de faire des efforts. Vous osez prôner la tolérance envers les différences et en même temps, vous nous obligez à vivre selon vos goûts et principes. Nous aussi avons notre lot de déceptions et de désarrois. Ne nous imposez pas votre façon de penser, nous sommes assez intelligents pour être capables de pensez par nous-mêmes : nous avons une très grande lucidité et un sens inné par rapport à ce qui est bien et mal. On est capable de réfléchir et on raisonne différemment tout en suivant une morale traditionnelle. On demande rarement aux autres ce qu'ils pensent de notre raisonnement, mais vous n'hésitez pas à nous faire connaître votre point de vue même si on ne vous l'a pas demandé. Et pourtant, nous, nous sommes capables de comprendre que les autres pensent autrement. Si notre différence nous rend bizarres à vos yeux; alors, ajuster votre vue ou changez de lunettes! Tout le monde peut se permettre de voir les choses sous un angle différent.

Les gens qui réagissent d'une manière négatives envers nous, c'est un désordre qui leur appartient et c'est à eux d'y voir. Ce sont les neurotypiques qui perdent la raison devant cette autre façon de voir, de faire, de penser et de réagir. Qui sont les réels désadaptés? Ce que vous appelez des symptômes ressemblent plus à des jugements basés sur une incompréhension. Accepter- les, c'est être capable aussi de s'accepter soi-même. Il y a ceux qui sont ouverts d'esprit et ceux qui portent des œillères. Il y a ceux qui acceptent et ceux qui refusent d'être esclave d'un système où les uns essayent de dominer les autres. Ce sont les êtres humains qui ont construit un monde dysfonctionnel. Le mode de vie imposé va à l'encontre de ce pour quoi on a été conçus.

Les autres ne font aucun effort pour s'entendre avec nous, alors qu'on nous demande de nous forcer à s'entendre avec les autres comme si l'effort ne devait venir que d'un seul côté. Est-ce que vous trouvez cela juste? Si des personnes autistes ont réussi autant dans la vie, c'est grâce à leur acharnement, leur persévérance; ce n'est certes pas grâce à la compréhension ni au soutien des autres, à moins que certains aient été bien entourés.

Il ne faut pas chercher une cure au SA, mais il faut guérir les gens qui jugent, évaluent et classent les autres selon un standard inventé par les non-autistes et qui présente beaucoup de « rigidité ». Essayez de comprendre au lieu de juger; s'il vous plaît.

Dr. Tony Attwood dit ceci : « ...peu importe les difficultés, je ne souhaite pas un traitement au Syndrome d'Asperger. Ce que je souhaite, c'est un traitement pour le mal répandu qui envahit beaucoup trop nos vies, le mal qui fait que les gens se comparent à une norme, définie avec des standards parfaits et absolus, dont la plupart sont impossibles à atteindre pour qui que ce soit...(en parlant des personnes Asperger) elles sont un fil coloré dans la riche tapisserie de la vie »(7)

Par leur présence, le monde sera embelli, car ils vous permettront de voir les choses autrement.

Personne n'est parfait et si vous cherchez la perfection, cherchez-la d'abord en vous et non dans les autres. On vit dans une société qui n'accepte pas la moindre déviation; alors que ça prend de l'indulgence et de la tolérance pour vivre en société. Jerry Newport affirme ceci dans son livre « Your Life is not a Label » : « ...vivre dans un monde où la société dite normale neurologiquement ne respecte pas nécessairement les règles du jeu. »

Laissez plus de place à l'originalité et le monde pourra ainsi continuer d'évoluer au lieu de stagner ou de régresser. Apporter sa contribution au monde est plus important que se fondre dans la masse, pour nous. Voyez-nous comme des personnes spéciales avec des qualités spéciales et des besoins spéciaux. Quand vous nous demandez quelque chose, expliquez-nous comment le faire et pourquoi. On nous apprend à faire et non à être, malheureusement.

La survie de l'espèce humaine dépend justement d'une faculté d'adaptation. Ce génome humain est présent en nous depuis des millénaires. Nous ne sommes pas contagieux et n'adoptez pas, s'il vous plaît, une attitude comme si vous étiez allergiques à nous. Bientôt, nous seront tout aussi nombreux que vous, alors pourquoi ne pas partager nos intérêts, notre façon de voir, de penser et de faire. Il est possible de vivre heureux tous ensemble. Un jour, le monde sera capable de tous nous accueillir. On respecte votre différence, alors on souhaite la même chose en retour.

Les personnes Aspergers se voient comme étant normales et les neurotypiques se voient ainsi aussi. On a tous le droit de créer notre propre norme. Ce qui est considéré comme étant normal dans cette culture devrait être révisé et corrigé, car dans une autre culture, elle sera perçue comme étant anormale. Les typiques et les atypiques vivent chacun dans leur propre monde. Alors qui a raison? Si tout est relatif, il n'y a pas de vérité absolue. On ne vous oblige pas à entrer dans notre monde, mais vous y êtes invités et les bienvenus ☺.

Les neuro-atypiques sommes plus spirituels, car notre conscience se serait développée plus pour compenser un déficit cognitif; certains se sentent illuminés et en contact direct avec Dieu. On pourrait aller jusqu'à croire que Jésus était Asperger, car il connaissait l'ancien testament sur le bout de ses doigts, il a essayé de changer le monde pour le mieux, il avait une facilité à s'exprimer verbalement, il savait qui allait le trahir et il ne s'est pas défendu.

ET QU'EN EST-IL MAINTENANT?

Je ne peux pas me servir de mon syndrome comme excuse, en tout temps, pour expliquer mes agissements, mes maladresses et mes erreurs, j'ai une part de responsabilités. Je fais des efforts pour surmonter mes difficultés. Je sais exactement sur quoi je dois travailler. Et je trouve les moyens d'y parvenir. Je vais même chercher l'aide professionnelle nécessaire. Je suis capable de corriger mes lacunes lorsque c'est possible. J'ai entrepris dernièrement une thérapie avec une psychologue afin de faire mieux face à mes périodes de déprime et d'anxiété. J'essaye des techniques de restructuration cognitive; c'est-à-dire, employer des moyens pour diriger autrement certaines pensées. Nous avons plus de contrôle sur notre vie et sur notre cerveau qu'on le croit, paraît-il. Il est plus facile d'emprunter toujours le même chemin puisque on y glisse toujours. Se sortir des anciennes traces qui nous piègent et entreprendre une route différente demande un effort cérébral intense ; il faut le vouloir vraiment. Je n'y arrive pas, car cette technique est pour les neurotypiques. Je n'ai pas réussi à trouver un thérapeute qui s'y connaît suffisamment dans le syndrome d'Asperger et qui soit assez ouvert d'esprit.

En plus, à cause de mon diagnostic, je ne me fais plus confiance, je doute de moi encore plus qu'avant, je m'interroge beaucoup et je remets tout en question : je me retrouve devant le néant. C'est comme si j'avais perdu mon identité. Je ne sais plus qui je suis. Je dois me reconstruire, me redéfinir et mettre les morceaux de puzzle au bon endroit. Je sais que mon cerveau me joue des tours, alors je ne lui fais plus confiance. J'ai tellement conscience de mes limites que je suis toujours sur mes gardes. Avec le temps, ça devrait se replacer; du moins, je le souhaite, car à quelque part, il y a une partie de moi qui aurait peut-être préféré ne pas le savoir.

On dirait que j'ai perdu des plumes. Je sens que j'ai moins de crédibilité auprès des autres. J'ai besoin d'aide, de soutien même si je suis capable de me débrouiller toute seul. J'ai surtout besoin de compréhension. Il ne faut pas porter les sacs pour moi, je suis « capable ». Sachant que j'ai une problématique, les gens ont plus tendance à me blâmer comme si je pouvais porter le fardeau de l'humanité sur mon dos. Je souffre beaucoup du mépris des gens à mon égard et de leur manque d'ouverture d'esprit. J'ai découvert que plusieurs personnes à mon travail sont au courant, presque tout le monde; parce que j'ai été assez naïve pour faire confiance à des grandes gueules. Je crains les préjugés de mes collègues; surtout ceux qui vont vouloir me chercher des bibittes là où je n'en ai pas. On ne me regarde plus comme avant et je trouve cela très dérangeant.

Mon mari est plus compréhensif et patient, mais il en endure trop. Je ne veux pas qu'il me prenne en pitié; je n'ai pas besoin d'une bouée de sauvetage ni de béquilles, moi; je suis capable de nager et de me tenir debout seule. On dirait que ce que je dis n'a plus d'importance pour qui que ce soit. Sachant que je perçois et interprète supposément mal, mes enfants m'ignorent et ne m'écoutent plus; c'est peut-être leur passage à travers l'adolescence aussi, mais c'est si difficile pour moi les relations humaines. Ne pas réussir à me faire respecter par eux, c'est dur pour moi. Je sais que je ne devrais pas prendre cela personnel. Les membres de ma famille proche ont tendance à se servir de mon supposé handicap pour se donner raison, mais je ne les laisse pas faire.

Au début, l'annonce de mon diagnostic m'avait mis le vent dans les ailes, mais aujourd'hui, je me sens écraser et étouffer par lui; c'est comme s'il m'avait coupé les jambes. Je sais peut-être voler; c'est nouveau, mais je n'arrive plus à marcher. Je dois reconstruire la confiance en moi, retrouver l'estime de soi et mon amour propre; reprendre contact avec mon intégrité, ma dignité, mon honneur et ma fierté; bien que ce soit des choses qui me sont difficiles d'accès sur le plan du ressenti. En d'autres mots, je dois refaire le casse-tête, car il s'était défait en morceaux.

Quand la voiture est brisée, on la fait réparer; alors, j'ai juste besoin d'un « tune up » (ajustement) afin de pouvoir repartir et continuer de rouler vers ma destinée.

Jusqu'à l'âge de 49 ans, j'ai réussi à franchir, haut la main, les obstacles mis à travers ma route et je devrais me louanger et me féliciter de tout ce que j'ai réussi à accomplir en ignorant que j'avais ce supposé trouble neurologique. Ce n'est quand même pas comme si j'avais appris avoir le cancer généralisé et être en phase terminal. Je ne suis pas, non plus, condamnée à la prison à vie. Tout n'est peut-être pas aussi grave que je le crois. Si j'ai réussi jusqu'à présent en l'ignorant, le fait de le savoir ne devrait pas m'empêcher de continuer d'avancer et de faire d'autres réussites.

Faire des recherches sur le syndrome d'Asperger pour écrire ce livre et le rédiger a été une forme de thérapie pour moi, car je peux enfin mieux me connaître, me comprendre et m'accepter. Si je peux mieux m'accepter comme je suis, je ferai de la projection et j'aurai, au moins, l'impression que les autres m'acceptent aussi. ☺ « Je peux juste changer les choses que je peux changer. Je dois accepter les choses que je ne peux pas changer, mais je dois surtout connaître la différence entre les deux »; comme le dit la prière de la sérénité. Si je change à l'intérieur de moi, il y aura peut-être des choses qui vont changer à l'extérieur de moi et c'est bon pour tout le monde, et les gens doivent reconnaître aussi ce qu'ils peuvent changer, eux.

Quand je suis en surcharge cognitive, comme par exemple : après deux heures en classe à répondre à toutes les questions et à faire de la discipline, avant que ma tête explose, je dois faire « stop » et procéder par priorités. C'est bien facile pour quelqu'un qui sait ce qui est important de ce qui ne l'est pas et c'est plus facile aussi pour quelqu'un qui a des freins. Les thérapies cognitives ne sont pas faites pour nous, malheureusement.

Maintenant, j'aurai aimé pouvoir me laisser plus aller, me retenir moins, me permettre de faire des niaiseries à l'occasion; toujours selon le contexte, mais je suis prisonnière des conventions sociales et je ne pourrais donc jamais me permettre d'être moi-même. Je laisse mes tics verbaux et gestuels s'exprimer un peu plus qu'avant en ayant peur de la réaction de mon entourage si les gens s'en rendaient compte. Alors je me permets de faire mes petites folies qu'à la maison seulement. Si cela m'aide à composer avec le stress; tant mieux, je n'ai pas besoin de cigarettes ni de bière ni de joint de pot. À chacun sa manière! Ma fille apprécie mon côté bizarre et enfantin; elle aime le fait de ne pas avoir une mère comme les autres.

J'ai été bafouée par des membres de mon syndicat en l'absence de leur directrice. Je ne pourrais pas avoir des mesures adaptatives au travail et ils ne veulent pas demander aux ressources humaines de créer un poste à ma mesure en prétendant que la commission scolaire va me demander si je suis capable ou non de faire la job; et qu'il se pourrait que l'on me demande de quitter si je suis jugée incompétente. Ce serait tellement dommage, autant pour eux que pour notre clientèle, car j'ai de belles grandes forces et qualités. Ce qui est drôle cependant c'est que si cela leur a pris 11 ans pour s'en rendre compte, il faut croire qu'il y en a qui n'ont pas fait leur job à quelque part. ☺ Ma directrice m'a dit ceci avant de partir pour les vacances : « Evelyne, pendant des années, on a misé sur tes difficultés; il serait temps que l'on mise maintenant sur tes grandes forces. » Mais c'est tombé dans des oreilles de sourds. On me conseille de prendre mon mal en patience pour cette année jusqu'à ce que soit validée ma permanence pour qu'ensuite, j'aie le droit de demander une diminution de tâche. Belle rigidité! On dirait que pour eux aussi... c'est tout ou rien.!

En magasinant sur des sites, j'avais vu un chandail qui portait le slogan suivant : « Moi, je suis Asperger. Et vous, c'est quoi votre problème?....ou votre excuse? J'ai bien failli l'acheter, mais où et quand aurais-je pu le porter?

J'ai été sur des sites de personnes Asperger, afin de pouvoir échanger avec des personnes comme moi afin de mieux nous comprendre et j'ai été énormément déçue. Je croyais que toutes les personnes Asperger étaient comme moi; et bien, non. Il y en a qui sont toutes aussi méchantes et perverses que certains neurotypiques; ou bien, il y en a qui ne sont pas Asperger et qui viennent sur ces sites juste pour tout chambouler. Ne voulant pas mettre tous les œufs dans le même panier, j'ai essayé un autre site, mais la même chose est arrivée rapidement; c'est très dommage. Alors j'ai créé mon propre site sur Facebook « S.O.S. Autisme-Asperger » et je vous invite à venir m'y rejoindre.

EST-CE QUE JE DÉSIRE EN GUÉRIR?

« Non! » Surtout pas. Je suis fière d'être Asperger et je désire le rester, quand même, malgré tout, ou plutôt : grâce à tout. Je suis différente et il y a bien des gens auxquels je ne voudrais surtout pas ressembler. Si pour devenir neurotypique, je dois dire adieu à mes talents, à mes qualités, à mes aptitudes, à mes dons particuliers, à mon corps jeune et à mon QI supérieur; il n'en est pas question. J'aime la façon dont je perçois le monde et la manière avec laquelle j'y vis. Enfin je peux m'accepter et m'aimer comme je suis, car finalement j'ai compris que malgré mes difficultés, je suis une bonne personne. J'ai de belles grandes qualités, car j'ai réussi dans la vie encore mieux que qui que ce soit d'autre, mieux que plusieurs personnes « normales ». Combien de neurotypiques se ventent avec fierté d'avoir raté leur vie ? Si pour être considérée « normale », je dois être comme certains parmi les gens considérés comme étant supposément normaux ; c'est-à-dire : méchants, menteurs, racistes, sexistes, lâches, hypocrites, indignes (bien qu'ils ne soient pas tous comme ça),je préfère rester dans ma bulle. Mon monde, à moi, est tellement plus beau que le vôtre. Et, je vous ai invité à le visiter et à le découvrir.

BIBLIOGRAPHIE

Dyer, Wayne W. , « La sagesse des anciens », Éditions AdA, Québec, 2005.

Ledgin, Norm, « Ces autistes qui changent le monde (syndrome d'Asperger), Éditions Salvator, Paris, 2008. (1) (4) (5) (6)

Ouellette, Antoine, « Musique Autiste (Vivre et composer avec le syndrome d'Asperger) Editions Triptyque, 2011.

Bogdashina, Olga, « Questions sensorielles et perceptions dans l'Autisme et le Syndrome d'Asperger (Des expériences sensorielles différentes, Des Mondes perceptifs différents), Editions AFD, Londres, 2013.

Rudy, Simone, « L'asperger au féminin (Comment favoriser l'autonomie des femmes atteintes du syndrome d'Asperger), Éditions de Boeck, Belgique, 2013. (2)(3)

Rudy, Simone, « 22 things a woman with Asperger's syndrome wants her partner to know », Jessicaq Kingsley Publisher, USA, 2012.

Ariel, Cindy N., PhD, « Loving lomeone with Asperger's syndrome (understanding and connecting with your partner), New Harbinger Publications, USA, 2012.

Holiday Willey, Liane, « Vivre avec le syndrome d'Asperger (un handicap invisible au quotidien), Editions de Boeck, Paris, 2010. (7)

Pelletier, Pierre-André, « L'autisme revu et corrigé par un autiste Asperger (témoignage controversé d'un génie de la conscience), Éditions Un Monde Conscient, Québec, 2015.

LETTRE DE MON MARI

Témoignage de Denis,

Tout mariage requière de l'amour et de la passion, mais aussi de la compréhension et de la patience.

J'ai été marié à deux femmes : celle avant et celle après le diagnostic. L'amour et la passion se sont transférés de la première femme à la deuxième, bien que c'était la même personne, sauf que mon réservoir de patience et de compréhension était quasiment épuisé par le comportement de la première.

Suite à la nouvelle, je me suis renseigné sur le sujet. J'ai appris à voir ses actions et obsessions qui m'irritaient avant, sous un nouvel angle. Ses comportements sont devenus des manies mignonnes au lieu des déclencheurs de conflits. Ma nouvelle femme a renouvelé mon réservoir d'énergie.

On communique beaucoup mieux, ma « nouvelle » femme et moi. Elle m'a fait comprendre que ses sensibilités sensorielles, ses besoins de solitude et aussi ses limites avant d'atteindre une surcharge ne sont pas des choses qu'elle peut contrôler. Elle m'a fait comprendre aussi que lorsqu'elle atteint son point de saturation, il faut que je lui laisse du temps et de l'espace pour que la turbulence émotionnelle passe. J'ai appris à ne pas prendre ses réactions d'une manière personnelle.

Suite à son diagnostic, elle se laisse aller plus qu'avant à la maison. Elle retient moins sa « folie ». J'adore cela, car elle semble épanouie, enfin.

J'aime ma première femme, mais j'aime mon Aspie encore plus.

Denis

LETTRE DE MA FILLE

Bonjour,

Mon nom est Angéline et j'ai 12 ans. Je suis la fille de l'auteure. Ma mère m'a demandé de témoigner (faire une lettre) sur son diagnostic du syndrome d'Asperger. J'ai accepté avec la plus grande des joies. Voici comment nous nous sommes sentis avant, pendant et après son diagnostic...

Avant : On avait tous une vie normale sauf pour ma mère. Je sentais qu'elle était souvent renfermée surtout sur elle-même. Des fois, je ne m'en rendais pas souvent compte qu'elle était malheureuse, mystérieuse et discrète. Je sentais souvent qu'elle n'était pas bien dans elle...

Elle gardait tout pour elle et tranquillement, je la sentais partir de la réalité, une seconde à la fois. Je ne peux pas vous cacher que ça me terrifiait même à en avoir la chair de poule.

Pendant : Quelques années plus tard, mes parents se séparent. Ça a été un choc émotionnel pour toute la famille et ma mère avait plus de raison de se renfermer. Il y avait des journées où elle était tellement sombre qu'on aurait dit qu'elle avait mis un cadenas sur ses belles émotions. C'est à ce moment précis où j'ai vu ma mère se détruire peu à peu et ça me détruisait moi aussi encore plus. Des fois, je me consolais en me disant que c'est la séparation et que ça va passer. Je voyais bien que ma mère était différente, elle réagissait différemment...

Elle m'a confié qu'on dirait qu'il lui manque une pièce de casse-tête au « puzzle » pour qu'elle soit elle-même. Cette phrase reste et restera depuis dans ma tête, dans mon corps et dans mon esprit...Voir sa mère malheureuse...je le souhaite à personne...

Un jour, elle nous annonce qu'elle va aller voir un neuropsycologue, car elle veut savoir pourquoi elle agit différemment, pourquoi elle interprète les choses différemment...

Après quelques rendez-vous, elle nous annonce enfin qu'elle est Asperger... Pour elle, je le voyais bien que ça la satisfaisait. Donc, si elle était contente de son diagnostic, j'étais contente moi aussi! J'ai même vu que son casse-tête était terminé, car j'ai revu ma mère revivre; et ça, je ne l'oublierais jamais.

Après : Quelques mois plus tard, mes parents se sont donné une autre chance... Heureusement!

On vit avec l'unique et fabuleuse différence de ma mère. Je ne peux pas dire que c'est toujours facile, mais on vit avec. Certaines personnes disent que ça a l'air plate, mais ce que je peux vous confirmer, c'est que j'adore avoir une mère pas comme les autres, car ça met de l'action dans nos vies.

Aujourd'hui, je comprends d'où ça vient ma belle folie! ☺

Je t'aime maman!

Angéline

NOTE :

Mon fils de 14 ans n'a pas voulu se permettre d'écrire des commentaires négatifs au sujet de sa mère.

PUBLIOGRAPHIE

Voici la liste des livres écrits par la même auteure :

-« Les otites : leurs causes et les meilleurs traitements naturels », Éditions Ambre, Suisse, 2016, 158 pages.

-« Les bienfaits de la viande crue pour soigner la dysplasie de la hanche chez le chien », Édilivre, France, 2013, 126 pages.

-« Comprendre et vaincre l'autisme : les causes environnementales dans le déclenchement de l'autisme », Éditions Québecor, Québec 2012, 357 pages.

-« L'autisme n'est pas irréversible, comment mon fils a été guéri », Groupéditions, Québec, 2009, 168 pages.

FSC
www.fsc.org
MIX
Papier | Fördert
gute Waldnutzung
FSC® C083411

Kolibri 360 GmbH
Ferdinand-Jühlke-Straße 7
99095 Erfurt, Deutschland
produktsicherheit@kolibri360.de

Druck:
CPI Druckdienstleistungen GmbH
im Auftrag der
Kolibri 360 GmbH
Ferdinand-Jühlke-Str. 7
99095 Erfurt